ROMPENDO A ESCURIDÃO

CÓPIA NÃO AUTORIZADA É CRIME

ABDR
ASSOCIAÇÃO BRASILEIRA DE DIREITOS REPROGRÁFICOS

RESPEITE O DIREITO AUTORAL

Dados Internacionais de Catalogação na Publicação (CIP)
(Câmara Brasileira do Livro, SP, Brasil)

McConnell, John
    Rompendo a escuridão : como vencer a depressão, a ansiedade e o estresse – uma perspectiva espiritual / John McConnell ; tradução de Sandra Costa. – Petrópolis, RJ : Vozes, 2022.

    Título original: Breaking through the darkness

    ISBN 978-65-5713-647-8

    1. Ansiedade 2. Depressão 3. Espiritualidade 4. Estresse 5. Reflexões I. Título.

22-117256   CDD-610

Índices para catálogo sistemático:

1. Depressão : Perspectiva espiritual : Medicina alternativa 610

Cibele Maria Dias – Bibliotecária – CRB-8/9427

JOHN McCONNEL

ROMPENDO A ESCURIDÃO

COMO VENCER A DEPRESSÃO, A ANSIEDADE E O ESTRESSE

UMA PERSPECTIVA ESPIRITUAL

Tradução de Sandra Costa

EDITORA VOZES

Petrópolis

Tradução realizada a partir do original em inglês intitulado *Breaking Through the Darkness – How to defeat depression, anxiety and stress – A spiritual perspective*

Direitos de publicação em língua portuguesa – Brasil:
2022, Editora Vozes Ltda.
Rua Frei Luís, 100
25689-900 Petrópolis, RJ
www.vozes.com.br
Brasil

Editoração: Maria da Conceição B. de Sousa
Diagramação: Sheilandre Desenv. Gráfico
Revisão gráfica: Alessandra Karl
Capa: Renan Rivero

ISBN 978-65-5713-647-8 (Brasil)
ISBN 978-1-78972-992-4 (Reino Unido)

Este livro foi composto e impresso pela Editora Vozes Ltda.

A todos os viajantes da noite
e Àquele que está nos guiando
para a luz

Sumário

Prefácio, 11

Introdução, 13

Parte 1 – Depressão e espiritualidade, 15

    O que é depressão?, 16

    Os sinais da depressão, 17

    Depressão: uma crise espiritual?, 19

    Inteligência espiritual, 22

    O que é inteligência espiritual, 22

Quatro passos para transformar a escuridão, 25

Passo 1 – Entenda a conexão mente/corpo, 27

    Seja atento, 29

    Afie seu serrote, 31

        Afiação física, 32

        Afiação mental, 36

        Afiação social e emocional, 38

        Afiação espiritual, 39

    Resumo, 40

Passo 2 – Pense positivamente, 42

    Torne-se consciente dos seus pensamentos, 43

    Desenvolva uma atitude mental positiva, 46

    Procure o que há de melhor em si mesmo e nos outros, 47

Desafie as crenças inúteis, 48

Transforme expectativas em esperança, 49

Lembre-se: você tem uma escolha, 53

Resumo, 56

Passo 3 – Torne-se consciente de alma, 57

Lembre-se de quem você realmente é, 58

Alimente sua alma, 61

Entenda o que realmente está acontecendo, 66

Pratique suas virtudes, 67

Lembre-se do mantra *Om shanti*, 70

Resumo, 72

Passo 4 – Conecte-se com a Luz, 73

Abra sua mente, 75

Alinhe-se com o Divino, 78

Lembre-se de render-se, 82

Recarregue-se, 85

Deixe sua luz brilhar, 89

Resumo, 92

Conclusão, 92

Parte 2 – O trabalho: práticas para uma vida melhor, 95

Como usar as experiências reflexivas, 99

Experiências reflexivas, 101

Eu respiro, 101

Eu relaxo, 102

Eu mudo minha postura, 103

Eu estou bem, 103

Eu me conecto, 104

Eu sou paz, 104

Eu sou luz, 105

Eu dou um passo para trás e observo, 105

Eu aplico um ponto-final, 106

Eu vejo a depressão como um presente, 107

Eu sou curioso, 108

Eu aprecio meus tesouros internos, 108

Eu pratico gratidão, 109

Eu escolho ser feliz, 110

Eu lembro os bons tempos, 111

Eu abandono o passado, 111

Eu desvisto o manto da depressão, 112

Eu vou além, 113

Eu observo a escuridão desaparecer, 113

Eu aceito a dor, 114

Eu escuto o meu coração, 114

Eu abro meu terceiro olho, 115

Eu me alinho com o Divino, 116

Eu me sento na presença do Divino, 116

Eu me rendo ao poder curador de Deus, 117

Resumo, 117

Conclusão, 118

Apêndice 1 – Sobre a Brahma Kumaris, 119

Apêndice 2 – Experiências adversas na infância (EAI), 121

Livros para ajudar a romper a escuridão, 123

Links de sites e APPs para manter-se calmo e levantar o humor, 127

Agradecimentos, 131

Prefácio

Este livro se destina a qualquer pessoa que se sinta ansiosa, estressada, infeliz ou deprimida.

Pretende ele ser um guia prático e simples para o enfrentamento da depressão e de outros estados mentais negativos, sob uma perspectiva espiritual.

Baseia-se no entendimento de que no coração de cada ser humano se encontra um cerne de poderosa energia espiritual positiva. Quer percebamos, quer não, somos, por natureza, seres essencialmente capazes de ter e dar paz, amor e alegria. Essas qualidades fazem parte do nosso DNA espiritual original.

Ao longo do tempo, viajando por este mundo complicado e confuso, perdemos nosso caminho. Nossa verdade tornou-se reprimida e submersa sob um dilúvio de distrações, distorções e eventos de vida angustiantes. Canções de inocência foram substituídas por canções de experiência[1]. Ao nos lembrar de quem realmente somos e nos reconectar com a Luz, uma mágica acontece:

---

1. Título de dois poemas escritos por William Blake.

a depressão transforma-se de maldição em bênção, um presente que pode levar à autotransformação.

Divide-se esta obra em duas partes.

Parte 1 – Fornece um entendimento da depressão e uma estrutura espiritual para nos capacitar a sair do pântano da depressão e retornar ao nosso estado original de contentamento. Essa parte inclui um processo de quatro passos, que pode ser resumido da seguinte forma.

1) Entendendo a conexão mente/corpo.

2) Pensando positivamente.

3) Sendo consciente da alma.

4) Conectando-se à Luz.

Cada passo oferece alimento ao pensamento e experimentos reflexivos para consolidar a aprendizagem e prover uma oportunidade de sintonizar nossa sabedoria interna.

Parte 2 – Consiste em uma série de experimentos reflexivos projetados para reforçar a teoria com experiências práticas que possam nos ajudar, assim se espera, a romper a escuridão e a ingressar na luz do amor, da paz e da esperança.

O fato de você estar lendo este livro é um sinal de que se acha a caminho de se entender e se transformar.

Observe que todas as ferramentas e *insights* a seguir são oferecidos como sugestões para ajudá-lo. Elas não visam substituir a ajuda, os conselhos e outras formas de tratamento médico e/ou psiquiátrico: consistem em um apoio adicional.

Introdução

A depressão é um fenômeno mundial. Ela abrange uma gama de estados mentais e emocionais; entre elas, ansiedade, preocupação, mau humor, insegurança, desesperança e desespero. Ela é algo que afeta a todos, em extensão maior ou menor, em um estágio ou outro de suas vidas. A depressão não respeita idade, gênero, etnia nem posição social. Mesmo crianças podem experimentá-la.

Isso não é, talvez, surpreendente, já que estamos vivendo em uma era de transformação global sem precedentes, no âmbito social, econômico, político e ambiental. Alguns cientistas, conforme sabemos, estão até mesmo falando sobre um fim do mundo dentro de poucos anos. Consequentemente, muitas pessoas estão se sentindo inseguras, frágeis, confusas e sob intensa pressão em alguma ou em todas as áreas de suas vidas. Essas pressões externas são frequentemente exacerbadas por sentimentos de raiva, resultantes de condicionamento negativo e/ou de experiências traumáticas que envolvam as pessoas de quem se esperava nos suprirem de amor e apoio durante nossa infância e adolescência.

A maioria das pessoas evita reconhecer esses problemas e, por isso, raramente busca ajuda. Àqueles que procuram assistência profissional é oferecida uma variedade de terapias, que podem incluir aconselhamento, terapia de comportamento cognitivo (TCC), medicação, psiquiatria, reabilitação ou hospitalização. Cada uma dessas intervenções, de um modo ou de outro, contribui com parcela importante no preparo do paciente para lidar com uma gama complexa de condições ou "estados de ser". No entanto, o aspecto espiritual e seu papel nos transtornos de saúde mental é frequentemente negligenciado.

Considero de imensa ajuda podermos redescobrir nosso espírito e recuperar nossa paz mental. Esse entendimento-chave é a espinha dorsal deste livro.

A seguir, com fundamento em minha experiência e estudo, compartilharei meu entendimento sobre depressão. Não sou médico, terapeuta nem *expert* no assunto; trabalhei, no entanto, como diretor de prisão, assistente social e treinador de gerenciamento de estresse, e lidei com muitas pessoas deprimidas e estressadas em minha vida (incluindo eu mesmo!). Também estudo e ensino meditação Raja Yoga há quase 30 anos[2].

Gostaria de oferecer algum alimento para reflexão e algumas ferramentas e técnicas que considero úteis, na esperança de ajudar a você e a todos.

---

2. Raja Yoga é um método de meditação com os olhos abertos, no qual nos conectamos com nosso eu superior e o Divino, e experimentamos paz interior e felicidade.

Parte I
Depressão e espiritualidade

"A melhor coisa de estar triste" – respondeu Merlin,
começando a soprar e bufar –, "é aprender algo.
Essa é a única coisa que nunca falha."

T.H. White. *The Once and Future King.*

O caminho espiritual é como uma escola. Não uma escola
comum onde se aprendem habilidades comuns, mas uma escola
espiritual onde se aprendem as habilidades do espírito – como
o método de remover falhas no seu caráter ou o de permanecer
não afetado pelas influências negativas ao seu redor.

Dadi Janki. *Companheira de Deus.*

O que é depressão?

Depressão é "uma condição caracterizada por sentimentos de severos desânimo e rejeição, tipicamente também aliados a sentimentos de inadequação e culpa" (*Oxford English Dictionary*).

De acordo com a Organização Mundial da Saúde (OMS)[3]:

• A depressão é um transtorno mental generalizado. Globalmente, mais de 300 milhões de pessoas de todas as faixas etárias sofrem de depressão.

• A depressão é uma notável causa de incapacidade mundial e contribui amplamente para a carga geral de doenças no mundo.

• As mulheres são mais afetadas pela depressão do que os homens.

• A depressão pode, na pior das hipóteses, levar ao suicídio. Cerca de 800.000 pessoas no mundo inteiro tiram suas vidas a cada ano. O suicídio é a

---

3. Site da Organização Mundial da Saúde. Folheto informativo sobre depressão, dezembro de 2019.

segunda principal causa de morte entre jovens de 15 a 29 anos de idade.

Trilhões de dólares são despendidos, anualmente, em antidepressivos para amenizar a dor, reprimir os sintomas e capacitar as pessoas a pelo menos "adiar as providências para a solução dos problemas" e viver uma vida relativamente normal.

De acordo com os números obtidos pela National Health Service Business Services Authority[4],

• Na Inglaterra, a partir de 2017, foram receitados antidepressivos a uma em cada seis pessoas de 18 a 64 anos de idade, e a uma em cada cinco pessoas na faixa etária de 65 anos ou mais.

• Quatro milhões de pessoas usam antidepressivos a longo prazo.

• Antidepressivos foram prescritos duas vezes mais a mulheres do que a homens em todas as faixas etárias.

Os sinais da depressão

Os sentimentos de depressão variam em duração e intensidade. Os desafios da vida são tamanhos, que muitos de nós, em algum momento, podemos nos sentir ansiosos, inseguros, mal-humorados, inadaptados,

---

4. Cf. artigo no *The Guardian*, datado de 10 de agosto de 2018.

desanimados, desmoralizados ou sem esperança. Frequentemente, esses sentimentos podem ser reduzidos ou removidos com o apoio e a companhia de outras pessoas ou com uma boa noite de sono, com o efeito relaxante de uma ida à academia ou com uma caminhada no parque.

Às vezes, os sentimentos e o humor tornam-se mais profundos e sombrios, e entramos em um espaço do qual sentimos não haver retorno. Nós nos tornamos uma pessoa diferente, uma sombra do nosso eu feliz anterior. Nessas circunstâncias, a depressão é experimentada como um estado de ser muito angustiante e debilitante.

A depressão drena nossa energia, paralisa nossa força de vontade, arruína nossos relacionamentos e reduz a cinzas nossa qualidade de vida. Frequentemente, os depressivos descrevem a si mesmos como se estivessem vivendo sob uma nuvem escura, ou presos a um buraco negro, ou perdidos em um túnel escuro sem fim, ou imersos em um poço sem fundo. Perdidos e solitários, sentem-se tão pesados, que mal podem se arrastar para fora da cama e, quando finalmente o fazem, pesa-lhes a imensa dificuldade de levantar a cabeça, abrir a boca ou mover os pés de chumbo. Maltratados e desgastados pelos esforços de viver como uma tartaruga sitiada, eles se recolhem à sua casca e vivem em um inferno mental, sentindo-se desesperançados e impotentes, não amados e inalcançáveis.

Em certo estágio da minha vida, há muitos anos, ao passar por um período desafiador, o suicídio me pareceu uma opção atraente. Esse foi o começo de uma longa jornada de autoestudo, que envolveu leitura de inúmeros livros de autoajuda, frequência a inúmeros cursos, a *workshops* de desenvolvimento pessoal e exploração do budismo, dos Quackers bem como de alguns aspectos do hinduísmo. Conheci a Organização Brahma Kumaris[5] e considerei a sua abordagem espiritual particularmente benéfica; ainda hoje, continuo estudando os conhecimentos adotados por essa organização.

Depressão: uma crise espiritual?

Cheguei à conclusão de que alguns aspectos da depressão são menos uma condição mental/física e mais uma crise espiritual. Ela pode ser uma forma de doença/amnésia espiritual ou, em outras palavras, uma crise existencial.

Quem sou eu?

Deve haver mais na vida do que apenas isso!

Qual é o sentido de tudo isso?

Por que me sinto tão ansioso e inseguro o tempo todo?

O desconhecimento das respostas a essas perguntas, de acordo com a minha experiência, encontra-se no cerne de diversos tipos de depressão.

---

5. A Brahma Kumaris é uma organização espiritual mundial dedicada a alcançar a paz mundial por meio do crescimento e da transformação pessoal. Consulte o Apêndice 1 para obter mais informações.

Essas questões não são novas. Há séculos, as pessoas têm experimentado o que é frequentemente referido como "a noite escura da alma". Muitos passaram anos buscando desesperadamente consolo pelo estudo de livros sagrados e de filosofia. Outros fizeram a jornada interior, procurando respostas por meio de contemplação, meditação, prece, peregrinação ou comunhão com a natureza.

O que é novo em nossa era é o rápido declínio global das religiões organizadas e a paralela elevação do racionalismo científico e do consumo de massa. A adoração a deuses, santos e gurus foi substituída pela religião da ciência e pelo culto das celebridades com sua ênfase em aparência física e sucesso material. Para alguns cientistas e comentaristas sociais, os seres humanos são um pouco mais do que um tipo avançado de macaco, que evoluiu ao longo de milênios, governado por seus cérebros e instinto de sobrevivência. Assim como os outros animais, nós chegamos e partimos – e isso é tudo! Estamos aqui hoje; e, amanhã, iremos embora.

A sabedoria e os *insights* da espiritualidade e da religião acumulados por milhares de anos são frequentemente deixados de lado. Não há mais um entendimento comum acordado ou linguagem mediante os quais possamos falar sobre nossos aspectos mais profundos e sobre a necessidade de pertencer e viver com outros em um estado de paz, harmonia e propósito comum.

Jogamos fora o bebê com a água do banho e ficamos nos debatendo em um limbo, não sabendo para onde nos voltar nem o que fazer.

Essa situação tornou-se mais desafiadora pelo profundo legado psicológico das religiões que tendem a enfatizar a natureza pecaminosa da humanidade. Consequentemente, a partir de tenra idade, somos levados por crenças religiosas a acreditar que "não somos bons o suficiente", e nos tornamos controlados por um misto de medo (com rejeição e desaprovação) e punição. O resultado? Baixa autoestima e falta de confiança em nós mesmos.

Na maioria das sociedades, nossa natureza essencialmente boa foi reprimida por uma barreira coletiva de criticismo, queixas, incriminações, julgamentos e comparações por parte de pais, professores e outros. Isso foi abastecido pela mídia e pela indústria da propaganda, que se prevalecem das nossas inseguranças e ansiedades e fazem o máximo possível para criar insatisfação e descontentamento em nossas vidas.

A isso podem ser somados os efeitos das experiências adversas da infância[6] bem como outros traumas e outras perdas que tenham ocorrido em nossas vidas.

Uma raiz de muitos tipos de depressão é a raiva reprimida e dirigida a nós mesmos por não sermos bons o suficiente ou por nos sentirmos incapazes de expressar nossos sentimentos a nossos pais, professores ou a outras figuras de autoridade e de importância em nossas vidas, que de alguma maneira nos feriram.

---

6. A pesquisa sobre experiências adversas da infância (ACE) indica que existe uma forte ligação entre essas experiências e a depressão. Cf. Apêndice 2.

Essa dupla fraqueza de ficar com raiva de nós mesmos e ser incapazes de expressar nossa raiva em direção a outros coloca em movimento um ciclo giratório constante de inadequação, culpa, vergonha e incriminação e nos condena a uma vida triste e solitária.

Como corrigir essa situação infeliz e começar a romper a escuridão? Usando nossa inteligência espiritual.

Inteligência espiritual

Onde quer que haja escuridão, deixe que se faça a luz.

Ninguém gosta de ser mantido no escuro, seja na escuridão física de estar em aposento sem luz seja na escuridão da ignorância em que estamos inconscientes do que realmente acontece no nosso mundo. A escuridão cria medo e tensão – dentro de nós e em nossos relacionamentos.

A luz traz alívio e esperança. Podemos ver as coisas mais claramente e tomar decisões acertadas sobre para onde ir e o que fazer.

Este livro visa lançar alguma luz espiritual sobre modos de romper a escuridão da depressão. Seus fundamentos são aquilo que, às vezes, é referido como a inteligência última, ou seja, a inteligência espiritual.

O que é inteligência espiritual?

A inteligência espiritual é aquela que vê cada um de nós como um ser humano único, e não apenas um animal altamente desenvolvido. Esse ser é uma forma de inteligência consciente conectada ao corpo, mas dele separada. A ela nos referimos de variadas formas, como alma, espírito, eu superior ou atma.

Cada um de nós é uma alma e tem um corpo.

A alma é a fonte da nossa consciência, intuição, força de vontade, das qualidades, dos valores e das virtudes. O corpo é o instrumento/veículo/vestuário usado pela alma para ela se expressar.

A analogia do motorista e do carro é frequentemente usada para ilustrar isso. O motorista é separado do carro. Ele/ela entra no carro e, após ligar o motor, controla os movimentos do carro em sua jornada de A a B. Por mais que possamos gostar de nossos carros, não nos consideramos ser ele. Isso já não se pode dizer do nosso relacionamento com o corpo. Frequentemente ficamos confusos e pensamos que somos o nosso corpo. Essa "consciência de corpo" encontra-se no cerne de muitas das nossas dificuldades.

A Brahma Kumaris e muitas outras organizações[7] acreditam na "bondade original" de todas as almas, e não na ideia de um "pecado original." Cada alma, quando entra em um corpo pela primeira vez, é pura e poderosa, e sua natureza é de paz, amor e alegria. Com o passar do tempo, ela vai perdendo seu poder e pureza e

7. Muitos místicos, poetas e professores espirituais falam da luz e do amor que estão dentro de cada ser humano. Para citar apenas alguns, lembremo-nos de Rumi, Echart Tolle, Marianne Williamson, Wayne Dwyer, Byron Katie, Brandon Bays e Louise L Hay.

tornando-se "pecaminosa". Como alguém que foi criado para se ver como um "pecador", tendo de mendigar o perdão de Deus, considero essa abordagem um alívio abençoado e reconfortante, que faz muito sentido.

A espiritualidade não envolve necessariamente crença em um deus, ou em uma religião em particular. Ela implica reconhecer, apreciar, nutrir e capacitar o ser interno, levando-o a sair da superficialidade e a procurar o sentido e propósito mais profundos da vida.

A espiritualidade também sustenta que somos seres eternos e poderosos, que criam sua própria vida e destino. A vida que estamos vivendo no momento é um produto de nossos pensamentos, nossas palavras e nossos atos, o resultado de todas as inúmeras decisões que tomamos ao longo do caminho.

Não nascemos deprimidos, ansiosos ou estressados. *Nós nos tornamos deprimidos, ansiosos ou estressados.*

Ao longo do tempo, perdemos nossa felicidade e paz devido a diversas experiências de vida.

Aceitar essa verdade e assumir a responsabilidade por nossa vida, mesmo pelos nossos estados mentais negativos, é essencial, se quisermos começar a romper a escuridão.

Se você está se sentindo muito deprimido, ansioso ou estressado neste momento, essa pode ser a última coisa que você desejaria ouvir! Por outro lado, ela pode ser o salva-vidas que você esteve buscando.

Quatro passos para transformar a escuridão

Se eu for uma alma que tem conhecimento verdadeiro,
serei hábil nas coisas do espírito.
Serei centrado na minha identidade espiritual.
Serei livre da influência do meu passado.
Experimentarei, então, apenas paz e felicidade internamente.

Dadi Janki, em *Companheira de Deus.*

Quando nos reconectamos, pela lembrança, com nossa bondade eterna original, uma mudança acontece. Nós nos sentimos melhor com nós mesmos e somos capazes de deixar de identificar-nos com os sentimentos de depressão, do mesmo modo que o motorista se reconhece distinto do carro. Ao mesmo tempo, nós nos abrimos para um mundo novo de possibilidades.

Os quatro passos seguintes visam facilitar esse processo. Eles são quatro modos interconectados e poderosos de pensar e ser; e, juntos, podem oferecer esperança real para romper a escuridão da depressão, da ansiedade e do estresse.

Passo 1
Entenda a conexão mente/corpo

A mente e o corpo são um sistema integrado.
O modo como agimos e o que pensamos, comemos
e sentimos estão todos relacionados
à nossa saúde.

Bernie Siegel

Em situação de perigo, ante uma ameaça súbita, sentimos medo, e o corpo automaticamente nos prepara para o que é conhecido como reação "luta ou fuga". Ficamos entre lutar (maior agressividade) ou fugir (defesa para a sobrevivência). O coração dispara, a respiração acelera, a pupila se dilata, os músculos se tensionam. Essa é uma aguda resposta ao estresse à qual se associam mudanças fisiológicas e alterações químicas internas.

Essa reação nos ajuda a lidar com situações de perigo percebidas. Originalmente, ela foi desenvolvida nos tempos em que vivíamos na natureza, quando animais selvagens vagavam pela Terra, e enfrentávamos perigos físicos que requeriam um fornecimento extra de força e energia; assim, a reação "luta ou fuga" não foi desenvolvida para tornar-se o nosso *modus operandi* geral.

Nos dias de hoje, a resposta "luta ou fuga" se associou a ocorrências mundanas cotidianas. É uma espécie de loucura o fato de muitos de nós não mais fazerem distinção entre um tigre que entre na sala onde estamos, um trem que esteja atrasado, ou alguém que grite conosco ao telefone. Estamos constantemente nos tornando cada vez mais irritados, frustrados ou raivosos, o que nos faz disparar a reação "luta ou fuga" várias vezes ao dia.

Nessas circunstâncias, não é de surpreender que nosso sistema imunológico se torne sobrecarregado e fiquemos suscetíveis a uma variedade de problemas de saúde como pressão alta, doenças cardíacas, eczema, distúrbios musculoesqueléticos, câncer e, evidentemente, depressão.

Quando estamos de bom humor e nos sentimos felizes, endorfinas, serotonina e outros químicos "prazerosos" são gerados no cérebro. Nós nos sentimos calmos e pacíficos, o mundo é nosso amigo, e apreciamos estar sozinhos ou na companhia de outros. É assim que deveria ser. Essa é a razão pela qual gostamos de caminhar na natureza, sair de férias para "fugir de tudo", tomar um drinque com os amigos, ou praticar esportes.

O estado ideal do corpo e da mente é o de paz.

Quando estamos calmos e relaxados, o corpo fica bem, e a mente é capaz de ver as coisas claramente e tomar decisões efetivas. Nós nos sentimos mais no controle da nossa vida. E nos sentimos felizes.

Se desejamos romper a escuridão da depressão, é importante desenvolver a arte de ser pacífico.

Para fazer isso, precisamos assumir o controle do nosso corpo tão bem quanto o da nossa mente.

Como?

É necessário fazer exercícios simples de relaxamento como respiração diafragmática, relaxamento muscular progressivo e visualização positiva[8] bem como exercícios de alongamento e movimentos suaves.

Se acordássemos 20 minutos mais cedo a cada dia e assumíssemos o controle da mente e do corpo nos modos descritos, teríamos mais controle da nossa vida e mais energia positiva para enfrentar o dia.

Apresento aqui algumas sugestões para ajudar você a aprimorar seu corpo e sua mente e, assim, a prevenir ou amenizar os efeitos da depressão.

Seja atento

Mindfulness é uma poderosa técnica de acalmar o corpo e a mente. Usando-a algum tempo para nos sentar e observar a respiração, a experiência dos sentidos, as sensações do nosso corpo e nossas emoções, somos capazes de nos tornar plenamente presentes no

---

8. Exemplos de exercícios como esses podem ser encontrados nas Experiências Reflexivas "Eu respiro", "Eu relaxo" e "Eu estou bem", na Parte 2.

momento. Nesse estado, afastando pensamentos sobre o passado ou futuro, a depressão temporariamente desaparece. A *mindfulness* pode ser praticada em qualquer lugar, a qualquer hora e é bastante eficaz: eis as razões do seu amplo apelo mundial.

Experiência

- Encontre um espaço calmo.
- Desligue seu celular e outras distrações e sente-se confortavelmente em uma cadeira ou no chão.
- Encha – lenta, profunda e suavemente – o seu diafragma, inspirando o ar pelo nariz.
- Exale o ar pela boca.
- Observe o ar enquanto ele entra e sai do corpo.
- Torne-se consciente do seu corpo.
- Examine seu corpo, a começar pelos pés.
- Perceba as sensações e os movimentos nos seus dedos dos pés e, em seguida, nos seus pés, que se apoiam no chão.
- Em seguida, conduza sua atenção aos músculos
  - da panturrilha e das coxas;
  - das nádegas;
  - do estômago;
  - da área do tórax.
- Concentre sua atenção em
  - seus órgãos internos;
  - suas costas;
  - seus ombros;
  - seu pescoço;
  - sua garganta, língua, seu maxilar, seus olhos, seu couro cabeludo.

- Observe, sem julgamento, qualquer movimento, coceira, tensão, ou outras mensagens transmitidas dentro ou fora do seu corpo.

- Perceba o apoio que está recebendo da cadeira e do chão no qual ela está.

- Com a cabeça imóvel, mova seus olhos para a esquerda, para a direita, para cima e para baixo e perceba tudo ao seu redor.

- Escute todos os sons ao seu redor.

- Voltando sua atenção para dentro, observe os pensamentos na sua mente. Deixe-os passar como nuvens.

- Observe suas emoções. Você está se sentindo triste, solitário, feliz ou calmo?

- Agora, traga sua atenção de volta à sala e comece a mover lentamente seu corpo e tornar-se mais consciente dos seus arredores.

- Verifique como você está se sentindo: está mais alerta e pacífico?

Afie seu serrote

Stephen Covey, em seu livro *Os 7 hábitos das pessoas altamente eficazes*, refere-se a "afiar o serrote" e a "quatro dimensões da renovação." Assim como é muito mais difícil serrar madeira com um serrote cego, é necessário muito mais esforço para viver eficazmente se não prestarmos atenção aos aspectos físicos, mentais, socioemocionais e espirituais de nós mesmos.

"Precisamos exercitar todas as quatro dimensões da nossa natureza de forma regular, consistente, sábia e equilibrada."

Uma das razões pelas quais podemos ficar deprimidos é o fato de o serrote da nossa vida ter ficado cego ou gasto pelo uso excessivo e não estar mais trabalhando eficazmente. Alternativamente, a falta de uso do serrote da nossa vida pode também causar depressão. Se não temos a energia, vontade ou o entusiasmo de expressar os diferentes aspectos de nós mesmos, eles podem prescrever. Como diz o ditado *use or lose* (use ou perca).

Sem entrar em muitos detalhes, visto ser este livro voltado principalmente aos aspectos espirituais da depressão, há algumas coisas que podemos fazer para melhorar nossa qualidade de vida e prevenir ou reduzir a propensão de nos tornarmos estressados ou deprimidos.

Afiação física

Pratique esportes e outras atividades

Praticar um esporte ou alguma outra forma de atividade física[9] é um bom modo de aliviar a depressão. Atividades esportivas e *hobbies* ou interesses nos oferecem oportunidades para concentrar-nos em algo além da nossa condição mental, encontrar pessoas e conversar sobre outras coisas.

A atividade física que se torne uma parte regular da nossa rotina dá-nos uma razão para nos levantar da cama pela manhã.

---

9. P. ex., os grupos de tricô estão se destacando em todo o mundo. O tricô ajuda a concentrar a mente, alivia a tensão e reduz o isolamento social.

Coma e beba bem

Nós somos o que comemos e bebemos; a mente e o corpo são afetados pelo que consumimos. Quando estamos deprimidos ou estressados, recorremos frequentemente a *"alimentos consoladores"* como biscoitos, bolos, chocolates, ou amenizamos nossa dor interna com álcool e outras substâncias que alteram a mente. Esse alívio é apenas temporário e, em longo prazo, pode aumentar nossos problemas criando dependência, vício e graves problemas de saúde como obesidade, diabetes e dificuldades cardíacas ou hepáticas.

Além dos *"alimentos consoladores"*, muitos nutricionistas recomendam que reduzamos ou eliminemos nosso consumo do que é frequentemente chamado de os *"quatro* venenos brancos"*, ou seja, açúcar refinado, sal, farinha e arroz. Esses alimentos têm pouco valor nutricional e geram uma grande quantidade de ácido no corpo; e meios ácidos são propícios ao desenvolvimento das células cancerígenas.

Idealmente, também precisamos evitar produtos de origem animal, não apenas para o benefício dos animais e do meio ambiente, mas também para a nossa paz mental. Pelo fato de os animais serem abatidos em estado de medo e tensão, sua carne se preenche de adrenalina, outros químicos tóxicos e vibrações negativas, os quais, quando consumidos por nós, humanos, realmente afetam nossa mente e nosso corpo.

Com relação a bebidas, é mais saudável beber água do que bebidas com álcool, cafeína e açúcar. O Serviço de Saúde Nacional do Reino Unido aconselha-nos a beber de seis a oito copos de líquidos por dia, entre os quais leite desnatado, bebidas sem açúcar, chá e café.

Ao considerar essas questões, é importante não ficar se culpando nem se sentir mal em relação à nossa comida e bebida. Estamos em uma jornada de autodescobrimento.

Quando lidarmos com as questões subjacentes que direcionam nossas escolhas de consumo não saudáveis, encontraremos a força e determinação para cuidar de nós mesmos de formas melhores.

Nesse meio tempo, podemos ser gentis com nós mesmos e dar pequenos passos na direção certa; por exemplo, colocar uma colher a menos de açúcar em cada xícara de chá ou café. Gradualmente, ao longo do tempo, acumularemos confiança e autodisciplina e resistiremos aos constantes bombardeios da indústria da propaganda.

Pausa para pensar

• Reflita sobre sua dieta.

• Anote três modos de aprimorá-la.

• Responda a si mesmo: que diferença essas mudanças fariam em sua mente e seu corpo?

Durma bem

Ter um sono de qualidade é essencial. Muitos de nós não dormimos bem, particularmente as mulheres, de quem se esperam "superpoderes" em todos os aspectos de suas atarefadas vidas. Algumas pessoas acham difícil ir dormir; outras acordam durante a noite, preocupadas com alguma coisa ou despertam antes da hora e não conseguem voltar a dormir.

Para nos ajudar a dormir melhor, podemos tomar algumas atitudes.

• Retirar a TV do quarto. Se dormimos com a televisão ligada, penetrará em nosso subconsciente e perturbará nossa paz mental o som dos programas, tarde da noite, muitos deles geralmente de natureza sexual ou violenta.

• Preparar-nos mentalmente para ir para a cama. Para isso, é aconselhável praticarmos um relaxamento de 30 minutos antes de ir dormir. Outras sugestões: tomar banho, escutar música relaxante, ler algo inspirador, fazer suaves exercícios de alongamento, massagear-nos.

- Revisar o dia e terminá-lo com um "ponto alto" refletindo sobre algo positivo que tenha acontecido durante o dia.

- Evitar à noite cafeína e outros estimulantes, substituindo-os por chá de ervas.

- Manter papel e caneta ao lado da cama. Se acordarmos durante a noite preocupados com algo que tenhamos nos esquecido de fazer, poderemos anotar isso e, então, relaxar e voltar a dormir.

Pausa para pensar

- Anote três coisas que você poderia fazer para melhorar a qualidade do seu sono.
- Qual delas você irá adotar primeiro?

Afiação mental

Posteriormente, neste livro, abordaremos com mais detalhes o impacto dos pensamentos em nós e no mundo. No momento, trataremos de alguns pontos gerais adicionais.

Assim como precisamos tomar cuidado com o alimento que ingerimos, também é fundamental sermos cuidadosos com nossa dieta mental: coisas que lemos, escutamos e a que assistimos. Se vivemos com uma dieta de filmes e videogames violentos, pornografia, entretenimento fútil, fofocas, venenos de algumas mídias sociais ou histórias angustiantes nas notícias diárias, então estamos altamente propensos a nos tornar estressados, ansiosos e, talvez, deprimidos.

É importante proteger nossa mente dessas influências adversas. De que modo podemos fazer isso?

Para uma boa dieta mental, nós podemos fazer algumas escolhas.

• Limitar o uso dos celulares, *laptops* e outras formas de entretenimento.

• Reduzir o número de inscrição em contas de mídia social.

• Escutar ou ler notícias sobre o que está acontecendo no mundo apenas uma vez ao dia, em vez de a cada hora como muitos o fazem.

• Ler livros e artigos inspiradores.

• Assistir a filmes positivos.

• Escutar música relaxante.

• Praticar jogos para nos divertir.

• Rir.

• Dançar.

• Caminhar ao ar livre.

• Evitar, se possível, pessoas que sempre se queixam e falam mal dos outros.

• Manter um diário no qual possamos expressar e descarregar medos e preocupações bem como esperanças e sonhos.

- Passar algum tempo sozinhos, em silêncio, dando à nossa mente pausas muito necessárias.
- Meditar.
- Praticar *mindfulness.*

Afiação social e emocional

É importante estar com amigos, parentes, colegas de trabalho ou outras pessoas cuja companhia apreciamos. Quando estamos deprimidos, frequentemente nos sentimos sozinhos e desconectados dos outros. Nessas circunstâncias, é particularmente proveitoso nos abrirmos com alguém em quem possamos confiar, que nos escute e não nos julgue. Se não houver ninguém no nosso círculo com quem nos sintamos capazes de desabafar, podemos sempre contactar algum grupo de apoio à saúde mental ou uma instituição de caridade, ou buscar grupos de apoio psicossocial *on-line.*

Outro modo de derrubar os muros do isolamento é fazer algum tipo de trabalho voluntário. Ao dar, recebemos e criamos uma situação ganha/ganha para nós e para os outros.

Pausa para pensar

• Anote os nomes de três pessoas com quem você pode contar para receber apoio emocional.

• A quais organizações ou grupos você poderia recorrer para obter ajuda?

• Como você pode ou poderia ajudar outras pessoas?

Afiação espiritual

Stephen Covey enfatiza o importante papel que a espiritualidade pode desempenhar na autogestão pessoal. Particularmente, ele nos incita a ter consciência dos nossos valores humanos centrais (como justiça, criatividade, liberdade), os quais dirigem e motivam grande parte do nosso comportamento e nos dão um senso de propósito e missão. Como já mencionamos, quando não sabemos para aonde estamos indo e o que queremos alcançar com nossa vida, nós nos sentimos insatisfeitos, frustrados e infelizes. Este livro trata de como redescobrir e afiar o aspecto espiritual do serrote da nossa vida.

> Alguns dos nossos valores-chave são igualdade, justiça e amor. Esses valores levam ao princípio de que todos os seres humanos devem ser tratados com dignidade e respeito e encorajados a realizar seu potencial, independentemente de idade, raça, gênero, orientação sexual, habilidades físicas ou mentais.

Ao longo da minha vida, sempre estive ao lado dos oprimidos e, como diretor de prisão, assistente social ou cidadão, fiz o melhor que pude para tornar as coisas melhores de todas as maneiras possíveis. Como resultado, fui e ainda sou muito desafiador, especialmente para pessoas em posições de autoridade.

Em retrospectiva, posso ver como meus valores moldaram minha vida. Eu sempre quis ajudar as pessoas e não tive interesse em ganhar rios de dinheiro ou ser promovido. Mudei de carreira quando não me senti mais capaz de efetivar meus valores e, eventualmente, eu me tornei um treinador de gerenciamento de estresse a fim de incrementar meu trabalho como voluntário com a Brahma Kumaris, que busca transformar o mundo inteiro por meio do valor da paz.

Pausa para pensar

- O que realmente importa para você neste mundo?
- Quais são os principais valores por trás da sua resposta?
- Como você se sente quando age de acordo com seus valores internos?
- Como você se sente quando seus valores são reprimidos, ignorados ou não efetivados?

Resumo

Há uma íntima conexão entre nossa mente e nosso corpo. Os dois estão constantemente se comunicando entre si. Quando podemos escutar nosso corpo e nossa mente, somos capazes de entender o que está acontecendo e damos passos para restaurar a paz à nossa mente e ao nosso corpo.

Afiando o serrote e renovando as quatro dimensões do nosso ser, melhoraremos a qualidade de nossa saúde mental e nosso bem-estar geral.

Passo 2
Pense positivamente

Todos os seres humanos têm dentro de si um recurso muito poderoso – a habilidade de pensar e criar pensamentos. Os pensamentos são a fundação da nossa vida. Tudo o que sentimos, dizemos ou fazemos começa com um pensamento.

Pelos nossos pensamentos e sentimentos associados, criamos nossa vida. Como diz o ditado: *"A qualidade dos nossos pensamentos determina a qualidade da nossa vida"*.

Podemos não ser capazes de controlar os eventos que ocorrem na nossa vida, mas sempre temos uma escolha acerca do modo como os vemos e os gerenciamos.

Os eventos podem ser *externos* (p. ex., perda de um emprego, luto, acidente de carro) ou *internos* (como pensamentos e sentimentos negativos sobre o eu ou os outros).

Frequentemente, nossos padrões de pensamento são tão profundamente arraigados e parecem tão normais e naturais, que pensamos não existir nenhum outro caminho. Nós nos tornamos armadilhados em uma prisão criada por nós mesmos. Nós nos sentimos desesperançados e impotentes, vítimas de um mundo duro e indiferente, carente de paz mental.

Apresento aqui algumas sugestões para ajudá-lo a mudar seu pensamento e, assim, mudar sua mente e sua vida.

Torne-se consciente dos seus pensamentos

Os pensamentos são as sementes da depressão ou da saúde mental. Como acontece com quaisquer outras sementes, quanto mais atenção damos a elas, mais elas crescem e, eventualmente, dão frutos.

Que tipo de sementes vocês está semeando e cultivando na sua mente?

Para viver uma vida feliz, é essencial estar ciente do que está acontecendo na nossa mente e, particularmente, conhecer a diferença entre pensamentos positivos e negativos.

Pensamento positivo é aquele que nos faz sentir felizes e empoderados. São dessa espécie pensamentos como:

- apreciar as pessoas e a beleza desse mundo;
- ser gratos pelas coisas boas que temos em nossa vida;
- aceitar as coisas sobre as quais não temos controle;

- concentrar-nos em soluções para os desafios que enfrentamos;

- extrair o melhor de cada situação e procurar pelos benefícios nela existentes;

- manter uma visão inspiradora de nós mesmos e de nosso futuro.

Esses pensamentos nos fazem sentir bem, elevam nossos níveis de energia e melhoram nossa saúde, bem como nossos relacionamentos.

O *pensamento negativo* cria medo, tensão e ansiedade na nossa mente; ele nos torna doentes e estraga nossos relacionamentos. Por isso é tão importante evitar qualquer forma de críticas, queixas, incriminação, comparações, fofocas e julgamentos dos outros e de nós mesmos.

Racismo, sexismo, nacionalismo, homofobia ou uma religião que prega ser melhor do que outra consistem em formas de pensamento negativo. Esse veneno na mente é responsável por grande parte do desespero e conflito presentes no mundo atual.

As raízes de muitas formas de depressão, ansiedade e estresse são pensamentos e sentimentos negativos a respeito de nós e/ou dos outros.

Esses pensamentos infectam nossas atitudes, percepções e crenças e criam em nossa mente uma tempestade devastadora, que polui nosso modo de ver e ser. Nós nos tornamos como uma mosca presa na teia de uma aranha. Quanto mais lutamos, pior se torna a situação.

Mais sobre pensamentos positivos

Para que os pensamentos positivos sejam bem-sucedidos, eles devem ser:

• centrados no aqui e agora; por exemplo: "Eu sou gentil", e não "Eu serei gentil";

• assertivos; por exemplo: "Eu sou cuidadoso", não "Eu sou cuidadoso às vezes";

• benéficos para o eu e os outros; por exemplo: "Eu me deixo ir para frente; quanto a você, siga seu coração";

• afirmativos; como, por exemplo: "Eu estou sempre contente", em vez de "Eu nunca estou descontente".

O pensamento positivo também inclui o uso de **afirmações**.

As afirmações são declarações positivas sobre o eu, que repetimos muitas vezes ao dia a fim de substituir padrões de pensamento negativos.

As afirmações rimadas são as melhores, pois a mente subconsciente não as rejeita. Por exemplo: "Só o amor muda o que já se fez / E a força da paz junta todos outra vez". (Roupa Nova. *A Paz*. Versão de *Heal the World*, de Michael Jackson).

Pausa para pensar

• Crie sua própria afirmação para levar consigo e usar em momentos de necessidade.

Visualização

Sem perceber, frequentemente usamos o poder da nossa imaginação para predeterminar o que vai acontecer na nossa vida. Por exemplo, podemos ficar imaginando que um dia seremos felizes e saudáveis, ou podemos constantemente visualizar ser tristes e sozinhos pelo resto da vida. O que quer que escolhamos se tornará uma profecia autorrealizadora.

Pausa para pensar

• Como você visualiza seu futuro?

• Como isso o faz se sentir?

• Se esse futuro não lhe parece suficientemente bom, como você poderia mudá-lo para melhor?

• Se você tivesse tempo e recursos ilimitados, o que gostaria de fazer?

Desenvolva uma atitude mental positiva

Nossa atitude é como um programa predefinido na mente, ou seja: é a posição-padrão que, automática e consistentemente, adotamos para tudo o que está acontecendo na nossa vida. Isso é mais bem ilustrado pelo famoso exemplo do copo com água pela metade.

As pessoas que têm uma atitude mental positiva verão o copo como "meio cheio". As que se caracterizam por uma atitude negativa o verão "meio vazio". Quem está certo? A resposta é: ambos. No entanto, são muito diferentes as consequências de ver de um modo ou de outro. Aqueles que veem o copo como "meio cheio" tendem a partilhar seu conteúdo com outros, ao passo que os que o veem como "meio vazio" têm inclinação menor para fazer isso porque não percebem restar muito conteúdo no copo.

Pausa para pensar

- Você é um tipo de pessoa meio cheia ou meio vazia?
- Você é otimista ou pessimista?
- Se é (geralmente / eventualmente) pessimista, o que poderia fazer para se tornar mais otimista?

Procure o que há de melhor em si mesmo e nos outros

Intimamente relacionada à *atitude* está a *percepção*. Todos nós temos na nossa personalidade um lado "bom", em que cultivamos gentileza, generosidade e criatividade; guardamos em nós, entretanto, também os lados "ruins", nos quais se encontram raiva, tristeza e egoísmo.

Se nos percebemos como "indignos" ou "inúteis", em detrimento dos aspectos melhores da nossa personalidade, estamos nos condenando a uma vida de misérias; isso porque, para onde a atenção vai, para lá também flui a energia. Se levamos nossa percepção e atenção para longe dos aspectos negativos do nosso eu e enfatizamos as partes mais "agradáveis" dentro de nós e dos outros, experimentaremos uma transformação na escuridão da nossa mente, e a qualidade da nossa vida espontaneamente melhorará. Valorizando-nos, naturalmente valorizaremos os outros, criando uma janela de oportunidades para atos de gentileza e amor.

Pausa para pensar

• Escreva três palavras negativas que você usa frequentemente para se descrever.

• Observe como você se sente quando pensa sobre si mesmo desse modo.

• Escreva três palavras para descrever suas características "mais agradáveis".

• Como você se sente quando se vê desse modo?

• De que modo você prefere se ver? Por quê?

Desafie as crenças inúteis

Uma crença é uma opinião ou convicção que consideramos verdadeira. As crenças nos ajudam a navegar pela vida. Elas nos levam a entender as coisas e a guiar nosso pensamento. Muitas das nossas crenças se originam na infância. Quando crianças pequenas, éramos como esponjas e inconscientemente absorvíamos as crenças das pessoas ao nosso redor. Quando adultos, raramente questionamos a verdade ou relevância de tais crenças na nossa vida. Como roupas velhas, porém, elas podem não nos servir mais.

Por exemplo, se fomos criados com a crença de que "Eu sou um idiota", ou "Eu sou mau" (a ovelha negra da família), nossa autoestima e autoconfiança tendem a ser baixas e nos concentraremos apenas nas coisas que reforçam essa crença. Consequentemente, seremos propensos a ter sentimentos de solidão e alienação, que são o solo de onde brota a depressão.

Pausa para pensar

- Escreva três crenças centrais negativas que você tem sobre si e/ou sobre o mundo.

- Qual é o impacto/efeito dessas crenças na sua vida?

- Imagine como você se sentiria se não tivesse mais essas crenças.

Transforme expectativas em esperança

Expectativas ou desejos não preenchidos são uma importante causa de infelicidade, na forma de depressão, estresse ou ansiedade.

As expectativas são frequentemente uma tentativa de controlar outras pessoas ou situações. Quanto mais inseguros e incertos nos sentimos, maior importância tendemos a dar à satisfação das nossas expectativas. Elas nos ajudam a sentir seguros. Quando as pessoas falham em responder do modo que consideramos adequado, ou quando as coisas não funcionam como desejamos, reagimos com decepção, mágoa, frustração e raiva. Existem aqueles que têm o seguinte tipo de personalidade: são perfeccionistas, distinguem tudo como branco ou preto e querem que tudo seja feito na hora que decidiram como a exata. Essas pessoas acham particularmente desafiador quando as coisas não saem como elas gostariam.

Outras pessoas, evidentemente, também têm expectativas em relação a nós e, diante do fracasso de estar à altura das expectativas dos outros, são tomadas pela infelicidade e pela raiva. A frustração desempenha, assim, um papel importante nas taxas de divórcio e suicídio bem como em relacionamentos estremecidos entre pessoas, comunidades e países.

Todos nós temos incontáveis expectativas acerca de tudo. Frequentemente, não estamos nem mesmo cientes delas até que algo aconteça para expô-las e perturbar nossa paz mental: o trem está atrasado; há condições climáticas extremas, escassez de produtos básicos; ou familiares ou amigos não nos dão valor...

Uma solução para o desafio das expectativas é não ter nenhuma! Elas, frequentemente, dão mais trabalho do que valem. Se desejarmos, podemos substituir expectativas por esperança e aceitação. Uma vez que percebamos que *não podemos controlar nada ou ninguém exceto a nós mesmos,* a esperança e a aceitação tornam-se alternativas atraentes.

A esperança é mais positiva, fluida e flexível do que as expectativas. Ela nos capacita a ser menos apegados aos resultados.

Vejamos um exemplo. Se *espero* encontrar minha amiga no parque para uma caminhada de manhã e ela cancela no último minuto, tendo a me sentir decepcionado, magoado ou rejeitado e poderei ficar aborrecido pelo resto do dia – incriminando-a ou criticando-a, considerando-a egoísta, ou insensível, ou o que for.

Posso, por outro lado, ser capaz de aceitar a situação, remanejar o tempo e a data do nosso próximo encontro e, então, fazer planos alternativos para o dia. Isso poderia envolver visita a uma galeria de arte sozinho ou contato com outros amigos para ver se alguém está livre para fazer uma caminhada ou encontrar-se comigo para tomarmos um café. Nesse cenário, não experimento incriminação, julgamento, ou ressentimentos represados para estragar o meu relacionamento com a amiga que faltou ao nosso compromisso no parque.

Aceitar as coisas que não podemos mudar bem como mudar as coisas que podemos são formas poderosas de permanecer calmos e reduzir nossa ansiedade e estresse. Não podemos fazer as pessoas gostarem de nós nem fazer só o que queremos. Em vez de bater a cabeça contra a parede e tornar nossa história de vida miserável, podemos encontrar outros meios de influenciar as situações e criar melhores resultados para nós e para os outros. Pode fazer maravilhas uma abordagem flexível, humilde, paciente e assertiva, baseada em respeito e entendimento mútuos.

É, portanto, importante ter padrões de comportamento claros a fim de administrar diferentes áreas da vida, mas tais padrões precisam ser acatados e aplicados de um modo lógico e razoável, de preferência com o consentimento de todos os envolvidos.

É igualmente importante não nos recriminar quando falhamos em alcançar nossos padrões exigentes. Aceitação, encorajamento, compaixão são como um leve empurrão em direção às metas que buscamos alcançar e são muito melhores do que autoflagelação ou depressão.

Pausa para pensar

• Anote três expectativas que você tem de si mesmo ou dos outros.

• Como você se sente quando essas expectativas não são preenchidas?

• Como você se comporta?

• Como você poderia mudar suas expectativas para permanecer estável e feliz independentemente do que aconteça na sua vida?

Lembre-se: você tem uma escolha

Quer percebamos, quer não, sempre temos escolha acerca do modo como lidar com qualquer situação. Saber disso é muito liberador e nos dá esperança.

A escolha é, em última instância, o que pode ser chamado de modo Glad (as iniciais de *giving, loving, acepting, detached* – doadores, amorosos, acolhedores, desapegados) ou o modo SAD (*stressed, angry/anxious, or depressed* – estressados, raivosos/ansiosos ou deprimidos). As implicações disso são profundas.

Pausa para pensar

• À luz do que você leu até o momento, responda: alguém ou alguma coisa pode "torná-lo" deprimido, ansioso ou estressado?

Se estamos conscientes de modos alternativos de pensar e ser e se somos capazes de *responder* em vez de *reagir* aos disparadores que perturbam nossa paz mental, então, pelo menos teoricamente, nada ou ninguém pode nos tornar deprimidos, ansiosos ou estressados, pois teremos sempre outras opções abertas para nós.

Por exemplo, podemos escolher:

• reconhecer e aceitar nossos sentimentos em vez de reprimi-los;

- externar nossos sentimentos falando sobre eles com alguém em quem confiamos;

- aprender a ser assertivos e a reivindicar nosso direito de ser tratados com dignidade e respeito;

- olhar para as coisas de um modo mais desapegado;

- entender a visão geral;

- ver as coisas do ponto de vista dos outros;

- aceitar as coisas que não podem ser mudadas;

- parar de nos escorraçar;

- parar de criar catástrofes;

- perdoar àqueles que nos feriram;

- ser gentis com nós mesmos e praticar a autocompaixão;

- meditar;

- praticar *mindfulness*.

Evidentemente, é mais fácil falar do que fazer. Isso de fato requer coragem, determinação e poder interno para superar modos negativos de pensar e de ser.

Pausa para pensar

- Quais são os pensamentos e sentimentos subjacentes que fazem você se sentir estressado, ansioso ou deprimido?

- Que medida você poderia tomar para mudar sua mentalidade e melhorar a qualidade de sua vida?

A fim de lidar com a depressão, para mim foi crucial recuperar meu poder, terminando com o jogo da culpa e deixando de me ver como uma vítima da vida.

Durante o tempo em que era assistente social, estive de licença por seis meses por estresse e depressão. Naquele momento, eu estava mental, física e emocionalmente exausto. Inicialmente, incriminei meu chefe por me dar uma carga de trabalho demasiado intensa.

Quando passei um tempo refletindo sobre minha situação, percebi que a razão pela qual eu tinha essa carga de trabalho tão intensa era o meu medo de dizer "não" e ser, de algum modo, punido ou rejeitado. Eu estava constantemente correndo, tentando pacificar e agradar a todos.

Pensando sobre as razões para isso, descobri que estava aflito por aprovação. Eu não tinha autorrespeito ou autoconfiança devido a um sentimento profundo de ser indigno e não ser amado. Manter as pessoas felizes era um modo de evitar o risco de ser relembrado da minha insegurança fundamental.

Aconselhamento, pensamento positivo, treinamento em assertividade e meditação foram as ferramentas que usei para mudar minha mentalidade e aprender a me aceitar e apreciar sem a necessidade da aprovação dos outros. Fui capaz de encontrar meu próprio poder e reconhecer meu direito de expressar meus sentimentos e pensamentos; consegui derrubar as barreiras e dizer "não" quando necessário, sem me sentir culpado ou inconveniente. Não posso dizer que foi fácil e certamente não aconteceu da noite para o dia, mas a transformação, de fato, ocorreu, e a depressão se foi.

Resumo

O modo como pensamos sobre as coisas exerce um grande impacto sobre a nossa saúde mental, elevando ou esmagando nosso humor, a depender do tipo de pensamento que criamos na mente.

Se quero escapar do inferno mental das percepções, crenças e atitudes negativas, e substituí-las por positivas, é essencial dar um passo atrás e observar nossos pensamentos, verificando-os e, se estão nos causando danos, mudando-os. Esse processo é conhecido como *Check and change* (Verifique e transforme).

De fato, são necessários tempo e esforço para mudar os pensamentos de uma vida inteira, mas as recompensas valem a pena.

Quanto mais poderosos, positivos e animados tornarmos os nossos pensamentos e ações, mais felizes seremos. Nossa energia subirá e, com uma atitude de "eu sou capaz", nós nos sentiremos inspirados a romper a escuridão que nos está detendo.

Passo 3
Torne-se consciente de alma

Sua visão se tornará clara apenas quando você for capaz de olhar para o seu próprio coração. Quem olha para fora, sonha; quem olha para dentro, desperta.

Carl Jung

Estar na consciência de alma é estar ciente do nosso eu como um ser espiritual eterno; eis a chave para romper a escuridão que obscurece nossa mente e nosso coração.

Neste mundo hedonista atarefado, são tantas as pressões, opções, distrações e complicações, que é fácil perder de vista o sentido e o propósito mais profundos da nossa existência. Podemos acabar apenas vagando à deriva ou nos tornando sonâmbulos pelos caminhos da vida. Os anos voam e, antes de nos darmos conta, estamos na terceira idade, perguntando-nos para onde foi o nosso tempo; talvez cheios de arrependimentos por não ter feito ou alcançado o máximo que poderíamos e nos questionando a respeito do que acontecerá a seguir. Extinção? Ou imortalidade?

Se nos vemos apenas como mais uma espécie sobre a Terra, que vem e vai como uma chama de vela brevemente tremeluzindo, a vida pode parecer assustadora, sem sentido e, por fim, deprimente. Nessas circunstâncias, não é de surpreender que tentemos nos agarrar à nossa juventude e à boa aparência e fazer o que for necessário para nos sentirmos felizes e seguros. Frequentemente aliviamos nossas ansiedades com diferentes formas de consumismo – roupas novas, uma boa casa, um carro, férias no estrangeiro, grande quantidade de boa comida e bebida, para não mencionar os deleites de músicas, filmes, videogames e outras formas de entretenimento.

Quando nos apreciamos como somos, e não com base em nossa aparência ou no que fazemos, quando valorizamos nossos pontos fortes e nossas qualidades internas e nos sentimos bem com nós mesmos e nossa vida, irradiamos uma beleza natural pelos olhos e experimentamos um sentimento de bem-estar que transcende a necessidade de consertos externos.

Apresento aqui alguns modos de desenvolver uma maior autopercepção e passar para uma consciência mais elevada, na qual nós nos aceitamos e enxergamos nossos sentimentos depressivos sob uma nova luz.

Lembre-se de quem você realmente é

Uma das perguntas mais importantes que podemos nos fazer é "Quem sou eu?"

Você sabe quem você é?

Pausa para pensar

Imagine que você esteja criando uma página no Facebook ou escrevendo para alguém que você tenha encontrado na internet. Escreva uma lista de 16 coisas que descrevem você.

Agora, risque os pontos relacionados a

• seu corpo (idade, gênero, sexualidade, raça, nacionalidade, aparência, condição física e mental etc.);

• seus papéis na vida (emprego, relacionamentos etc.);

• seus bens (casa, carro, animais de estimação etc.);

• seus *hobbies* e interesses;

• seus sistemas de crença (políticos, religiosos etc.);

• seus pontos negativos quanto à personalidade (mau humor, agressividade, desânimo etc.).

Restou alguma coisa na sua lista?

Com sorte, restarão algumas qualidades positivas como gentileza, generosidade, carinho etc. Essas qualidades fazem parte do seu eu bom e original. Elas integram seu DNA espiritual.

Se foi incapaz de apontar 16 pontos, isso indica que você não se conhece muito bem. Em outras palavras: você está vivendo com um completo estranho!

O que todos os pontos que você riscou têm em comum? Todos se relacionam ao seu mundo externo e são, portanto, transitórios e sujeitos a transformação.

A espiritualidade trata de explorar seu mundo interno, reconhecer e prestar atenção a nossa essência pura. Como diz Pierre Teilhard de Chardin: *"Não somos seres humanos vivendo uma experiência espiritual, somos seres espirituais vivendo uma experiência humana".*

Muitos de nós perdemos a consciência do nosso eu superior e, consequentemente a conexão com esse eu. Isso pode nos fazer sentir tristes, solitários e deprimidos. Então, nós nos identificamos com a depressão e concluímos: "Estou deprimido".

De uma perspectiva espiritual, é mais exato dizer: *"Eu sou uma alma que se sente deprimida".*

Esse entendimento cria um espaço na nossa mente que nos permite nos desidentificar da depressão e lidar com ela de um modo mais manejável.

Desapegar-se de uma forma amorosa ou ser uma testemunha silenciosa do que está acontecendo em nossa mente e nossa vida é uma ferramenta poderosa para nos curar e reduzir nossa dor e sofrimentos físicos, mentais e emocionais.

Eu costumava ficar muito aborrecido e raivoso com todos os tipos de coisas relacionadas comigo e/ou com outras pessoas. Doença, falta de dinheiro, decepções com pessoas ou o modo como as pessoas se tratavam, qualquer que fosse o motivo, eu rapidamente enveredava pelo caminho da queixa, da crítica ou do julgamento. Alguém ou algo era sempre o culpado, e eu achava tudo tão injusto!

Hoje em dia, eu me esforço ao máximo para praticar não julgar nem ver os eventos como bons ou ruins. Adoto a frase "Tudo é o que é". Ainda que eu esteja doente ou infeliz ou que outras pessoas estejam com raiva de mim, ou umas das outras, para mim está tudo bem. Não há sentido em ressentir-me e resistir ao que simplesmente é.

Remover a subjetividade e, ao mesmo tempo, desejar bons votos aos outros e a nós mesmos capacita-nos a encontrar meios de tornar as coisas melhores sem perturbar nossa paz mental, o que também economiza muito tempo e energia mental e emocional.

Experiência

- Sente-se confortavelmente.
- Respire lenta, profunda e suavemente.
- Na tela da sua mente, veja-se olhando para si mesmo como um observador/amigo curioso.
- Descreva na terceira pessoa o que você vê e sente:
  - [seu nome] está olhando...
  - Ele/ela está sentindo...
  - Ele/ela quer...
  - Tenha empatia com... [seu nome].
- Abrace a si mesmo.
- Perceba como se sente em relação a si mesmo agora.

Alimente sua alma

A alma, assim como o corpo físico, necessita de nutrição. Ela prospera com consciência, concentração, silêncio, tranquilidade e paz interior.

Muitos dos nossos hábitos e comportamentos são dirigidos por *necessidades espirituais não satisfeitas,* como a necessidade de segurança, paz, felicidade e amor duradouros.

Frequentemente, buscamos satisfazer essas "necessidades da alma" pelo apego a pessoas e aos efeitos prazerosos de boa companhia, comida, álcool, drogas, compras, música, esportes e outras atividades.

No entanto, *necessidades espirituais não podem ser satisfeitas em longo prazo por meios materiais.* Cedo ou tarde, experimentamos uma sensação de que algo está faltando, de que as coisas não estão tão boas quanto poderiam estar.

Bem no fundo, em um nível subconsciente, sabemos que fomos muito mais felizes e mais pacíficos e amorosos do que o somos agora.

Eventualmente, a dor e o desejo por algo melhor tornam-se tão intensos, que nos sentimos compelidos a começar uma busca diferente ao longo da "estrada menos trilhada" para dentro de nós.

Como um rato em um labirinto, quer gostemos ou não, o drama da nossa vida nos empurra para fora dos becos sem saída, na direção da consciência de alma.

Começamos a nos fazer perguntas importantes:

Por que a minha vida está tão confusa?

Como posso superar esses sentimentos de...?

Quando e como tudo isso terminará?

Qual é o verdadeiro sentido da vida?

Quando reservamos um tempo para ponderar sobre essas perguntas por meio da reflexão, contemplação, meditação ou prece, começamos a nos tornar mais calmos, mais pacíficos e conscientes. Respostas e *insights* surgirão na nossa mente porque tudo está dentro de nós esperando para ser descoberto e revelado.

Se nos concedermos o tempo e o espaço para escutar, nossa voz calma interna nos guiará e nos protegerá.

Sempre que tenho de tomar uma decisão importante sobre qualquer coisa e estou confuso, reservo um momento para me sentar calmamente e perguntar a mim mesmo e ao Supremo o que deveria fazer.

Às vezes, recebo imediatamente um sentimento intuitivo sobre o que tem de ser feito. Outras vezes, a resposta surge ao longo do tempo, em conversas com outros ou a minha atenção é atraída a um livro, artigo ou algo que sinalize o caminho adiante. Em vez de me precipitar sobre algo que mais tarde poderia me levar ao arrependimento, faço o melhor possível para acompanhar o fluxo dos meus sentimentos. Se algo não parece confortável, ou se tenho dúvidas, desisto de fazer o que pretendia. Se recebo uma onda de energia ou entusiasmo, então, decido fazê-lo. Desse modo, sinto-me orientado e apoiado, e a vida se torna uma aventura emocionante.

Quando despertamos desse modo, a vida adquire mais sentido e profundidade. Nossa consciência se expande e somos mais capazes de sair do buraco negro da autopiedade, raiva, vergonha e do ódio, que frequentemente se encontram no cerne da depressão. Nós nos tornamos cientes de que estresse, ansiedade, infelicidade ou depressão não são o que nós somos, *mas uma experiência pela qual estamos passando. Cedo ou tarde, ela terminará.*

Vemos as coisas de um modo novo e mais conectado.

Eu sou uma alma e ocupo um corpo[10].

Cada vez mais, começamos a ver que tudo tem um significado espiritual. A concha do nosso ego se abre e nos abrimos para novos entendimentos e modos de pensar, tais como:

- a lei do carma (colhemos o que plantamos);

- a natureza do Divino;

- a importância do perdão, da compaixão e de outras práticas espirituais para curar a nós e ao mundo;

- a visão da vida como um drama ou uma peça destinada a extrair o que há de melhor em cada um de nós;

- o poder da energia espiritual para criar e sustentar o mundo;

- a interconexão de tudo no planeta e para além de tudo isso.

No hinduísmo esse processo de despertar espiritual é conhecido como "a abertura do terceiro olho". Temos dois olhos físicos para enxergar este mundo físico

---

10. Subtítulo do livro de Bill Bryson: *O corpo* é – *Um guia para ocupantes*, que imediatamente levanta a questão de quem/o que está ocupando o corpo.

e um olho espiritual para "enxergar" as coisas que estão além dos órgãos dos sentidos. Simbolicamente, isso é representado na forma de um pequeno *tilak* redondo ou ponto, que alguns indianos usam no centro da testa como um lembrete para estar ciente do eu e de cada ser humano como uma alma, ou seja, para tornar-se consciente da alma.

Ver a nós mesmos como um minúsculo ponto de luz brilhante, como um diamante ou uma estrela no centro da testa e atrás dos olhos é uma valiosa técnica de meditação.

A meditação é o melhor meio de recarregar e nutrir a alma.

- Seja paz.
- Lentamente, traga sua atenção de volta ao lugar onde você está.
- Observe quão diferente você se sente.

Entenda o que realmente está acontecendo

Ver a vida por meio do nosso "terceiro olho" transforma desafios em oportunidades para desenvolver nossos "músculos" espirituais, que são a fé, a coragem, a determinação, o amor, a resiliência, o perdão, a paciência e a tolerância. Começamos a ver o benefício existente em tudo. Existem lições a ser aprendidas, dívidas a ser pagas, relacionamentos a ser curados e muitas chances de praticar autoamor, apreciação e aceitação.

Nossos piores inimigos tornam-se nossos melhores amigos, já que provocam dentro de nós a revelação de todo o ressentimento, a raiva, a intolerância e o ego que precisam ser limpos dentro do eu se quisermos recuperar nossa paz mental.

A dor da depressão, da ansiedade e do estresse se torna um presente a ser desembrulhado, um mensageiro para nos dizer que saímos dos trilhos e um lembrete para nos interiorizar e voltar ao nosso estado original de paz e amor.

Se não tivéssemos esses desafios, como poderíamos nos tornar sábios e fortes internamente?

Pausa para pensar

• Qual é a mensagem por trás dos sentimentos que você está experimentando no momento?

• Que lições você aprendeu sobre si mesmo e sobre os outros ao sentir-se ansioso, estressado ou deprimido?

Pratique suas virtudes

A palavra "virtude", no mundo de hoje, soa um tanto antiquada, algo de uma época passada quando mais pessoas costumavam ir à igreja e tinham a meta de ser e fazer o bem em suas vidas.

As virtudes fazem parte da nossa bondade original e são uma expressão de diferentes aspectos da alma em ação. As virtudes são sempre positivas. Elas exercem um impacto tal, que melhora a vida da pessoa que está sendo virtuosa e a do recebedor.

David Hamilton, em seu livro "Os cinco efeitos da gentileza", demonstra, com evidências científicas, os efeitos benéficos que a gentileza exerce sobre o eu e os outros. Ser gentil libera endorfinas, que acalmam o corpo e nos fazem sentir bem; além disso, o recebedor também se sente bem e é inspirado a agir de igual modo. Tamanho é o efeito de um ato gentil, que mesmo alguém que o esteja testemunhando é elevado e passa a desejar seguir o exemplo.

De acordo com o "Projeto das virtudes"[11], há cem virtudes que podemos praticar. Entre elas se destacam as seguintes:

- Aceitação
- Alegria
- Amor
- Autodisciplina
- Bondade
- Compaixão
- Compreensão
- Consideração
- Contentamento
- Coragem
- Cortesia
- Criatividade
- Desapego
- Determinação
- Dignidade
- Empatia
- Esperança
- Fé
- Flexibilidade
- Generosidade
- Gentileza
- Humanidade
- Humildade
- Integridade
- Justiça
- Lealdade
- Misericórdia
- Otimismo
- Paciência
- Perdão
- Resiliência
- Resistência
- Respeito
- Responsabilidade
- Serenidade
- Tolerância

O uso dessas virtudes faculta-nos oportunidades para nos libertar, entre outros problemas, da depressão, ansiedade e do estresse. Precisamos apenas estar conscientes delas e então, evidentemente, colocá-las em prática. Pode parecer estranho a princípio, especialmente

---

11. Para mais informações sobre o *Projeto das Virtudes*, cf. www.virtues-project.com

quando não estamos acostumados a pensar desse modo pouco usual, ou "fora da caixinha".

Quem é a primeira e principal pessoa com a qual devemos praticar nossas virtudes? Nós mesmos. Muitos de nós têm se tratado mal por anos. Temos sido com frequência nosso pior inimigo em vez de nosso melhor amigo. Acostumamo-nos a dar um poder excessivo ao crítico interior e, consequentemente, temos estado cegos ante os melhores aspectos do nosso eu.

Agora é hora de sermos gentis, doces, carinhosos, encorajadores, amorosos. É tempo de apreciarmos e aceitarmos a nós mesmos e aos que buscam nos ajudar.

Pausa para pensar

• Pense em alguém que você realmente admira; pode ser vivo ou morto, famoso ou não.

• Escreva três qualidades ou virtudes dessa pessoa as quais você realmente aprecia.

• Imagine como seria se você fosse igual a essa pessoa.

• Observe como você se sente.

Espero que você tenha gostado de fazer esse exercício e que tenha se sentido bem ao fazê-lo. Por quê? Porque você estava, na verdade, pensando sobre si mesmo. As qualidades alheias que nos atraem são um reflexo das nossas. Admiramos ou nos identificamos com alguma coisa se ela ressoa em algum aspecto do nosso eu. Como diz o ditado "If you spot it, you've got it" (Se você detectou, você tem).

Quando fui apresentado pela primeira vez a esse exercício, recusei-me a aceitar as respostas. Minha autoestima estava tão baixa, que eu não podia acreditar que tinha na minha natureza as qualidades do meu herói, Gandhi. Eu amava suas ideias acerca do princípio da não violência à vida, suas habilidades de liderar, analisar as coisas e criar soluções práticas radicais; atraíam-me sua coragem, autenticidade e determinação para superar injustiças. No entanto, refletindo um pouco, dando um passo atrás e revisando o conteúdo da minha vida, pude encontrar traços de coragem, fé na bondade das pessoas e determinação para superar as injustiças de modos criativos e pacíficos.

Lembre-se do mantra *Om shanti*

Um mantra é uma palavra ou frase sagrada, que tem poder especial e capacita seu usuário a conectar-se com seu próprio mundo interior. Os mantras são frequentemente associados ao hinduísmo e às práticas de meditação orientais, como a meditação transcendental.

Um dos mantras mais poderosos é Om shanti.

"Om" é uma palavra em sânscrito, que significa "alma" e é considerada como o som mais sagrado da criação. Sua frequência vibratória é reverenciada.

A palavra "shanti", em hindi, significa "paz", um estado de ser desprovido de conflito ou desejo, desgosto ou aversão, e constituído apenas por calma, contentamento e uma completa aceitação de tudo como é.

"Om" e "shanti" são palavras que se complementam perfeitamente uma à outra e, combinadas, compõem um mantra que nos relembra a natureza verdadeira da alma.

Om shanti *significa "Eu sou uma alma pacífica."*

Quando praticada como um mantra, essa fórmula mística pode nos levar além desse mundo físico/material para um espaço onde permanecemos conscientes, mas desapegados, vendo as coisas claramente de uma perspectiva espiritual ilimitada.

Quando as coisas se tornam difíceis, o mantra *Om shanti* pode ser usado como um interruptor que nos leva a concentrar e relembrar de como deveríamos ser. Ele é o perfeito antídoto para a depressão, o estresse e a ansiedade.

Experiência

- Sente-se calmamente.
- Respire lenta, profunda e suavemente.
- Imagine que alguém, gentil e amorosamente, sussurra o mantra *Om shanti* ao seu ouvido.
- Continue repetindo o mantra com sentimento.
- Permita que o mantra aquiete sua mente e encha seu coração de paz.
- Traga sua atenção de volta ao espaço em que você se encontra.
- Perceba a diferença nos seus sentimentos.

Pausa para pensar

• Pense em uma situação na sua vida em que o mantra *Om shanti* poderia fazer uma real diferença no modo como você vê as coisas e lida com elas.

• De que modo ele poderia ajudar?

Resumo

Abrir o terceiro olho pode salvar e transformar a vida de quem está experimentando depressão, ansiedade ou estresse. Isso nos ajuda a entender algumas das raízes da nossa escuridão e oferece modos empoderadores e iluminadores de transformar nossa forma de viver e ser.

Podemos nos tornar calmos e contentes de novo por meio de técnicas diversas:

• reconhecer e nos lembrar da nossa natureza espiritual;

• reservar tempo para nutrir a alma;

• ver nossa angústia como uma oportunidade para nos internalizar e explorar nossos dons ocultos;

• praticar ser virtuosos com nós mesmos e com os outros;

• adotar o suporte do mantra *Om shanti*.

Portanto, abrir "o terceiro olho" pode ser o começo de uma nova aventura na sua vida. Como tudo o que vale a pena fazer, isso de fato requer algum esforço e comprometimento. É muito fácil cair no sono de novo!

Passo 4
Conecte-se com a Luz

Despertar nossa consciência superior abre uma possibilidade de explorar a supraconsciência, ou seja, a consciência e o relacionamento com a Fonte Suprema de paz, amor e júbilo. Esse Ser é frequentemente designado como Deus, a Luz, o Divino, a Mente Universal, a Grande Inteligência, o Único, Alá, Shiva, a Alma Suprema, o Ser Supremo.

Durante grande parte da história da humanidade, a ideia de ligar-se a esse Ser foi valorizada. Pessoas de diferentes fés se uniram para adorar, celebrar e para inserir seu comportamento em um contexto mais amplo, enfatizando a importância de viverem, juntas, em paz e amor, de acordo com os ensinamentos de seu fundador. As pessoas, angustiadas ou infelizes, puderam buscar orientação espiritual ou orar ao seu deus pedindo ajuda.

Estamos agora vivendo em tempos muito diferentes. Apesar da exortação das diferentes tradições de fé, o mundo está se tornando um lugar mais agitado e violento.

Com a dilatação do poder da ciência, muitos questionam a existência de Deus. Outros acham difícil aceitar um Ser em nome do Qual tantas guerras foram travadas e incontáveis atrocidades, cometidas.

Em algumas religiões agora se dá menos ênfase a um Deus irado e vingativo. Esse legado, porém, prossegue na psique de muitos e é reforçado pela culpa e vergonha de ser um "pecador".

Consequentemente, no ocidente, muitas pessoas afastaram-se e buscaram consolos alternativos como em terapia, aconselhamento, crescimento, desenvolvimento pessoal e soluções oferecidas pela indústria da mente, do corpo e do espírito bem como pela ecoespiritualidade. Apesar de tais desenvolvimentos serem bem-vindos, ao final somos deixados com nossos próprios recursos e podemos ainda nos sentir confusos, sozinhos e propensos a ansiedade e depressão, sem respostas para as questões fundamentais da vida e da morte.

Em minha busca por paz e felicidade, explorei o budismo – com sua ênfase em paz mediante o desapego e a compaixão – e o hinduísmo. Eu amo visitar a Índia, onde não há um Deus, mas muitos. As pessoas se deleitam adorando uma variedade de deuses e, em particular, deusas, algumas das quais simbolicamente retratadas cavalgando um leão, sentadas sobre um cisne, ou flutuando em uma folha de lótus. A Índia pode ter seus desafios de pobreza e opressão, mas cada indiano sabe, no fundo de seu coração, que é amado por seus deuses e acredita chover sobre ele tudo aquilo de que necessita nesta vida e além dela. Consequentemente, os indianos respondem com um amor profundo e natural, ou *bhavna*, por suas divindades, um amor que se expressa pela dança, música vibrante, arte e uma ampla variedade de templos e de incontáveis santuários de beira de estrada. Sua aproximação flexível de Deus e da religião os capacitou a sobreviver a dois períodos de colonização (por muçulmanos e cristãos). Também é interessante notar que a Índia, até o momento, jamais invadiu outro país.

Que relação tem tudo isso com o rompimento da escuridão que envolve a depressão, a ansiedade e o estresse?

Se conseguirmos encontrar ou estabelecer uma conexão com o Único, Aquele Que dá amor incondicional, certamente será muito relevante o poder para nos transformar e nos levar além deste mundo físico da dor e da solidão da depressão.

Como podemos fazer isso?

Apresento aqui alguns meios a considerar e experimentar.

Abra sua mente

Estar ciente do nosso eu como alma é um importante pré-requisito para conectar-nos com a Luz; porém, por si só, isso não é suficiente.

Se desejamos explorar a possibilidade de haver um Deus a Quem podemos nos conectar, então é muito importante ter uma mente aberta. Se temos ideias e crenças muito rígidas sobre a não existência de Deus, não conseguiremos fazer uma forte ligação com o Divino.

Conforme vimos, nossas crenças são o filtro pelo qual experimentamos a vida. Acreditando na inexistência de Deus, fechamos a porta para qualquer relacionamento possível, a menos que (ou até que) tenhamos uma experiência profunda que transforme nossa crença, conforme ocorreu na conversão de São Paulo na estrada para Damasco.

Se somos agnósticos ou temos uma mente aberta sobre Deus, podemos considerar as muitas ideias sobre Quem ou o Que é Deus. Alguns pensam que Ele é onipresente, ou seja, está em toda parte – mesmo nas pedras e pedregulhos. Outros acreditam que somos todos parte de um Ser Cósmico. Na Índia, até recentemente, esperava-se que as mulheres tratassem seus maridos como seu deus ou guru. Para os muçulmanos, Deus não tem uma imagem; para os budistas e *sannyasis* da Índia, não há um Deus, mas, antes, um fluxo de consciência no qual um dia nos fundiremos quando tivermos alcançado a perfeição. Os cristãos acreditam em Deus, mas Sua forma é para eles um mistério.

Apesar dessas diferenças, há um consenso de que Deus é um ser de amor e luz. Ele é o Senhor e Mestre de toda a criação, e nós somos Seus filhos. Devemos, portanto, honrá-lo e obedecer-lhe, senão... Os fiéis expressam sua devoção por meio de preces, cânticos, além de curvar-se, ajoelhar-se e fazer outros gestos de respeito, humildade e amor. Essas práticas, sem dúvida, trazem conforto e alívio a muitos.

Certa ou errada, essa abordagem não seduz a todos.

Estamos vivendo em tempos em que muitos de nós somos livres para explorar e considerar *quem* ou *o que* Deus significa para nós sem medo de sermos queimados em uma estaca, aprisionados ou condenados a um inferno eterno. Somos livres para seguir nossa própria jornada de descobertas por intermédio de leituras, preces, contemplação, meditação, retiros, peregrinações e comunhão com a natureza. Cedo ou tarde, alcançaremos nosso destino e saberemos a verdade sobre Deus.

Meu entendimento e crença são de que Deus é uma alma como todos nós. Como tal, Ele/Ela não tem gênero ou quaisquer das outras coisas que riscamos no exercício "Quem sou eu".

Essa Alma é suprema, nunca encarna em um corpo e, assim, nunca perde Seu poder. Permanecendo além do drama deste mundo no qual nos vemos envolvidos e armadilhados, a comunicação com a Alma Suprema se dá por meio de pensamentos puros e vibrações poderosas. Quando estamos "conscientes de alma", podemos nos sintonizar com Deus e receber energia dele. Uma comunicação efetiva requer, também, um coração honesto e um desejo verdadeiro de conhecer e amar ao Único, que apenas deseja o melhor para nós.

Assim como telefonamos para os nossos amigos e familiares com nosso celular a qualquer momento ou em qualquer lugar, podemos também nos comunicar com o Único. Transmitimos e recebemos vibrações por meio do poder de uma mente silenciosa.

Pausa para pensar

• Quais são os seus pensamentos e sentimentos em relação a Deus?

• Reflita sobre sua vida e anote uma experiência espiritual especial/incomum que você tenha tido.

• O que aconteceu?

• Como você se sentiu?

• Que impacto essa experiência teve sobre a sua vida?

Se não teve nenhuma experiência espiritual especial ou se tem dúvidas sobre o assunto, então, por um momento, imagine como seria sua vida se esse Ser de fato existisse.

Ou, então, sente-se em silêncio, conecte-se com seu eu superior, abra-se para o Divino e veja o que acontece.

Alinhe-se com o Divino

Conforme vimos no Passo 3, cada um de nós é uma alma única, com nossas próprias necessidades e crenças. Na vida de todos, cedo ou tarde, chega um momento em que batemos em um muro de tijolos e sentimos que não podemos seguir adiante do mesmo modo antigo. Estar deprimido, muito ansioso ou estressado são alguns desses momentos. Algo tem de mudar. Precisamos de alguma ajuda e suporte extras poderosos.

Você gostaria de ser entendido, aceito, valorizado, apreciado, apoiado, empoderado e encorajado por Alguém Que se concentra nos seus pontos fortes, em vez de nas suas fraquezas? Alguém Que tem uma visão pura sobre quem e o que você é?

Você gostaria de ter um relacionamento com Alguém Que nunca o abandona, é imensamente paciente, acolhedor e capaz de perdoar, mesmo quando você chuta e grita e o incrimina por tudo o que você tem sofrido na vida?

É realmente possível ter um relacionamento assim?

Ao longo da história, encontram-se exemplos de pessoas que experimentaram a beleza e bem-aventurança do Divino, dentro e fora das religiões organizadas. Entre essas pessoas estão Julian of Norwich, Rumi, Khalil Gibran.

Na nossa era, inúmeras pessoas tiveram experiências fora do corpo, ou de quase morte, e foram arrebatadas pelo amor da Luz, que transformou suas vidas para sempre[12].

Qualquer um pode ter uma conexão profunda com o Divino se verdadeiramente quiser ter. Como diz o velho ditado: "Busque e encontrará" e "Quando o aluno está pronto, o professor aparece".

Ter uma conexão com o Deus do seu entendimento é um elemento-chave para o sucesso de, por

---

12. Cf., p. ex., *Dying to Be Me*, de Anita Moorjani.

exemplo, Alcoólicos Anônimos e grupos similares. Os membros reconhecem e aceitam seu vício e rendem-se a um Poder Superior e, em retorno, recebem a coragem, determinação e força para deixar sua dependência e mudar sua vida.

No meu caso, explorei e exauri diversos caminhos antes de deparar com a meditação Raja Yoga ensinada pela Brahma Kumaris.

Os ensinamentos são simples e profundos: "Considere-se uma alma e, nessa consciência, lembre-se da Alma Suprema, o Único, o Ponto-fonte infinito de puro amor, paz e júbilo".

Todos os centros da Brahma Kumaris têm um espaço de meditação com uma imagem da Alma Suprema representada como um ponto de luz, com uma aura vermelho-dourada.

Quando fui apresentado desse modo ao Divino, tudo o que pude dizer foi "Eu te odeio!" devido a todas as coisas que me foram feitas em nome de Deus quando eu era criança. Para meu grande espanto, a imagem se tornou viva e círculos de luz pulsante vieram na minha direção. Eu me tornei muito calmo e pacífico, preenchido com uma energia curadora muito sutil. Então, soube com certeza que havia algo por detrás dessas coisas de Deus. Tendo tido uma amostra de como eu poderia ser, comecei a meditar e a me conectar regularmente.

Ser consciente da alma é a chave para alinhar-nos ao Divino, pois nos capacita a sintonizar as vibrações/energias mais elevadas da Alma Suprema, que existem em uma dimensão além do tempo e do espaço deste mundo limitado de matéria. Entramos no ilimitado, e nossa consciência se expande. Ir além desse modo nos dá uma perspectiva totalmente diferente do nosso eu e da nossa vida. Traz clareza e desapego e uma sensação de liberdade e esperança.

Experiência

- Sente-se sozinho em silêncio.
- Concentre seus olhos em um ponto à sua frente.
- Respire lenta, profunda e suavemente.
- Crie um espaço pacífico na sua mente.
- Desligue sua mente da vida diária.
- Lembre-se: "Eu sou uma alma autônoma, mas unida a este corpo".
- Visualize-se como um minúsculo ponto de luz brilhante no centro da sua testa.
- Imagine um raio de luz dourada conectando você, a alma, à Luz.
- Abra-se para a Luz.
- Banhe-se na Luz.
- Relaxe e preencha-se com paz, amor e poder.
- Quando tiver feito isso, lentamente traga sua atenção de volta ao corpo.
- Torne-se consciente dos arredores.
- Sorria.
- Observe se houve alguma mudança em sua mente e seu corpo.

É necessário algum tempo para dominar um exercício como esse; então, por favor, seja paciente consigo e continue praticando algumas vezes ao dia, e você começará a se sentir mais leve e radiante.

Lembre-se de render-se

Conforme já mencionamos, no cerne de pelo menos algumas formas de depressão, há muita raiva – contra os outros e contra nós mesmos. Grande parte vem da dor de experiências da infância, quando podemos ter sido abusados, humilhados, ignorados, intimidados ou rejeitados. Essas experiências podem nos paralisar para a vida toda. Elas formaram e modelaram nossa psique em um momento em que éramos incapazes de nos defender ou entender o que estava realmente acontecendo. Frequentemente, internalizamos a culpa e a vergonha e culpamos a nós mesmos pelo que aconteceu.

É tudo culpa minha.
Eu merecia isso.
Eu sou uma pessoa muito má.
Se eu tivesse apenas...

Dentro da maioria de nós, há uma criancinha ferida, que deseja ser ouvida e liberada da dor do passado. Alguns de nós lidam com a dor com aconselhamentos ou algum tipo de terapia. No entanto, isso nem sempre funciona e, em alguns casos, pode apenas reforçar a injustiça de tudo e nos levar à raiva, ao ressentimento e a um ódio por nós mesmos ainda maiores.

Outras pessoas não buscam ajuda. É demasiado doloroso lidar com essas memórias, e elas se esforçam ao máximo para bloqueá-las ou empurrá-las para as profundezas do subconsciente, esperando que essas memórias de dor desapareçam. É claro, isso não acontece até que elas sejam tiradas da escuridão e levadas para dentro da luz clara do dia.

Então, o que podemos fazer e como a Luz pode nos ajudar?

Na minha experiência, Deus é o maior terapeuta. Ele não nos julga nem condena. Ele escuta com amor e respeito. Ele leva embora a tensão, o medo, a fúria, o aborrecimento e o arrependimento, deixando-nos com uma sensação de liberação e paz. E é tudo de graça! No entanto, essa ajuda tem um preço.

Deus ajuda àqueles que se ajudam. Para isso, precisamos deixar de lado o passado, ou seja, os pensamentos e sentimentos que estejam nos causando dor e dá-los a Ele. Isso não é uma tarefa fácil. Você pode largar algo apenas quando sabe o que o está prendendo e deseja abandoná-lo.

Às vezes não queremos esquecer o passado porque investimos muito nele e não conseguimos imaginar a vida sem nossa história dolorosa, nossos rancores e ressentimentos nem a postura de vítima, que nos traz bastante atenção e simpatia alheias.

Se desejarmos soltar o passado, precisamos revisitá-lo, tomar consciência da dor e realmente reconhecê-la e aceitá-la. Isso fazemos melhor durante a meditação, quando estamos na consciência de ser uma alma amorosa e desapegada na presença do Divino.

Nesse espaço seguro, somos capazes de pedir ajuda divina para soltar os sentimentos ligados aos eventos negativos que aconteceram em nossa vida. Uma vez que os sentimentos tenham sido liberados, eles não mais têm poder sobre nós. E somos mais capazes de enfrentar e entender esses eventos, aprender com eles e mudar nossa vida.

A rendição nesses termos pode assumir diferentes formas. Podemos, por exemplo:

• Falar com Deus sobre o nosso entendimento e entregar-lhe todos os nossos sentimentos relacionados àquilo de que queremos nos livrar.

• Usar o poder da nossa imaginação para criar uma imagem mental como a seguinte: em uma caixa colocamos, por exemplo, todos os sentimentos de raiva dos quais estamos conscientes. Essa caixa vai se expandir até que não reste nada mais para colocar dentro dela. Nós, então, fechamos a caixa e a empurramos para dentro de uma imensa fogueira. Enquanto o conteúdo da caixa arde e se transforma em cinzas, nós nos sentimos leves, felizes e livres.

• Escrever uma carta para o Divino expressando todo o arrependimento e toda a dor que experimentamos na história da nossa vida. Em seguida, nós a rasgamos com amor, ou a engavetamos, ou a queimamos.

• Orar por ajuda, apoio, perdão, paz mental ou o que quer que sintamos ser necessário no momento.

• Pedir por coragem, determinação e poder para enfrentar e superar nosso tumulto interior e nos tornar inteiros novamente.

Eu pratiquei esses exercícios muitas vezes com participantes de *workshops* e sozinho. Eles são muito poderosos e eficazes quando somos honestos e temos um desejo genuíno de abandonar coisas. Esses exercícios podem ser feitos inúmeras vezes porque há muito para limpar na nossa mente e no nosso coração. Como um arqueólogo escavando um sítio antigo, descobrimos novas camadas de lixo que precisam ser removidas em nossa busca pelo tesouro verdadeiro da felicidade, paz e amor duradouros. Seguimos em frente porque isso nos faz sentir melhor e porque sabemos que tudo está surgindo para dar adeus. Esse último ponto é muito importante.

É importante lembrar sempre que estamos trazendo o passado à tona não para reforçá-lo, mas para liberá-lo de modo tal, que ele não mais tenha influência sobre nós.

Experiência

- Escolha um dos meios acima para renunciar ao passado.
- Siga as instruções sugeridas.
- Avalie se você se sente bem depois.

Recarregue-se

Cada alma se encontra em uma jornada de auto-descoberta e cura. A profundidade da nossa tristeza e infelicidade é um barômetro de quão amorosos e felizes fomos em algum estágio da nossa vida sobre esta Terra. Quanto maior a tristeza, maior é a felicidade passada.

Eu acredito em renascimento/reencarnação e cheguei à conclusão de que as pessoas que experimentam depressão são, provavelmente, almas mais velhas, que tiveram mais de um nascimento.

Nesse contexto, a depressão pode ser vista como o efeito cumulativo de uma variedade de experiências negativas ao longo de diversas vidas, o que resulta em esgotamento da energia da alma, que se torna, assim, menos capaz de lidar com os desafios de um modo positivo e proativo. Enterrados profundamente no nosso subconsciente, esses efeitos acumulados exercem um impacto sutil sobre o modo como pensamos e sentimos no aqui e agora.

As memórias de nascimentos passados podem ser acessadas por aqueles que se submetem à terapia de regressão a vidas passadas. Eu, particularmente, não fiz isso. No entanto, li publicações que asseguram que essa terapia pode ajudar algumas pessoas a entender o que está lhes acontecendo e por quê.

Outro modo de entender a depressão é à luz da lei da entropia, ou seja: tudo vai do novo para o velho e da ordem para o caos. Nesse contexto, a alma é como uma bateria cuja energia se esgotou, por ter sido dissipada ao longo do tempo em consequência dos altos e baixos da vida. Assim como nossos telefones e *laptops* precisam de recarga, cada alma, à medida que vai envelhecendo, vai necessitando de recarga.

Como podemos fazer isso?

A energia da alma é expressa por vibrações. Como vimos no passo 2, há uma conexão íntima entre nossas vibrações e nossos pensamentos e sentimentos. Os pensamentos e sentimentos negativos exercem um efeito prejudicial no nosso bem-estar físico e mental e nos nossos relacionamentos.

Colocar um ponto-final nos pensamentos e sentimentos inúteis e negativos previne a perda de energia da alma e auxilia no processo de recuperação. No entanto, isso, por si só, não é suficiente para restaurar nossa glória passada. Precisamos nos conectar a uma fonte de poder espiritual maior do que nós, uma fonte de energia pura e ilimitada.

Assim como estamos aprendendo a canalizar o poder do sol para gerar energia pura e substituir o uso danoso de combustíveis fósseis, podemos aprender a canalizar o poder do Divino para renovar nossa energia espiritual sem recorrer a todos os estímulos e a distrações artificiais comumente usados para nos fazer sentir melhor.

Quanto mais puros forem os nossos pensamentos e sentimentos, mais elevada será a qualidade das nossas vibrações.

Na meditação, com a consciência de nossa identidade espiritual real, combinada com foco e concentração, podemos criar uma ligação com o Sol espiritual divino. Isso nos capacita a receber vibrações poderosas de amor e paz, que gradualmente reabastecerão e curarão a alma. O mecanismo para isso é a graça de Deus.

O professor de espiritualidade e escritor Anthony Strano, em seu livro *O homem que amava os anjos*, descreve como a graça opera. Ele se expressa da seguinte forma:

A graça é o ingrediente mágico que transforma tudo. A graça é o poder de Deus, ela não é humana. Embora seja recebida pelo pensamento humano, a graça move a mente e o coração em direção a uma sabedoria e um amor mais elevados.

A graça pode vir apenas de Deus porque somente esse Ser é incondicional. Eu preciso da graça de Deus para me transformar. Não é suficiente apenas fazer meu próprio esforço, embora essa responsabilidade deva existir.

A graça vem da ligação vertical da alma com Deus, na conquista da intensa gravidade de uma existência horizontal de "dar e receber". A graça é a cooperação direta de Deus.

A graça é uma corrente de poder incondicional altruísta, que fortalece a mente, tornando-a serena; a vontade, tornando-a determinada; o intelecto, tornando-o humilde; os sentimentos, tornando-os limpos.

A graça é um presente dado aos que são honestos com o eu. É a alquimia espiritual que dissolve a sujeira do coração e da mente; transforma erros em lições; cria o poder de perdoar o eu; torna o passado verdadeiramente passado; impede que o remorso estrague a melhor parte do dia.

A graça libera o eu do eu. Ela recria e recarrega a alma. Pode elevar, regenerar e limpar porque vem diretamente do Coração de Deus para o meu coração, da mente de Deus para a minha mente. Agora é hora de experimentar o fluxo direto do amor transformador de Deus.

A graça é um ingrediente-chave para a metamorfose. Ela abre portas para possibilidades ilimitadas. Milagres tornam-se a norma. Se sou descuidado, preguiçoso ou in-

tensamente egoísta, não posso absorver a graça de Deus quando ela me é oferecida. *Ela é, assim, desviada.*

Não vejo problemas em citar na íntegra esse extenso trecho, porque Anthony Strano teve um profundo entendimento e relacionamento amoroso com o Divino e foi capaz de expressar sua experiência de um modo claro e comovente.

Se conseguirmos abrir nossa mente e nosso coração a Deus, também receberemos o poder de recarregar e reiniciar (*reboot*) nossa alma e superar as forças negativas que nos governaram por tanto tempo e nos tornaram deprimidos.

Experiência

- Sente-se em silêncio.
- Respire lenta, profunda e suavemente.
- Torne-se calmo, pacífico e sereno.
- Veja-se como um minúsculo ponto de energia sutil.
- Banhe-se no brilho suave dessa energia.
- Permita que as vibrações de Deus operem sua magia.
- Após um minuto, traga sua atenção de volta ao espaço em que você se encontra.
- Avalie se você se sente diferente.

Deixe sua luz brilhar

Nascemos felizes, pacíficos e amorosos. Conforme vimos, o tempo cobrou seu preço, e perdemos com isso muito do nosso brilho.

A dor de sentir o contraste entre como nós éramos e como estamos agora pode ser uma causa importante de depressão.

No entanto, tal dor é também um presente que pode nos colocar na "longa e sinuosa estrada" de volta à saúde e à integridade.

Ela é também um poderoso incentivo para continuarmos andando, apesar dos obstáculos, porque sabemos que o que éramos voltaremos a ser de novo.

Nós podemos ter um futuro baseado na verdade de quem realmente somos.

Até aqui exploramos modos de romper a escuridão mudando nosso pensamento, estando cientes da nossa verdadeira natureza espiritual e nos reconectando ao Divino, Aquele Que remove nossas cargas e recarrega a bateria da alma de volta a sua condição original.

Nesse processo, podemos nos tornar autênticos. Não mais precisamos tentar ser felizes, pacíficos e amorosos.

Quando nossos pensamentos, sentimentos e ações se alinham, nós apenas existimos – como flores espirituais ou como o Sol, que propaga paz e felicidade ilimitados onde quer que vamos, independentemente das circunstâncias ou situações nas quais nos encontramos.

A meditação desempenha um importante papel nesse processo. Por intermédio da consciência e conexão com o eu verdadeiro e o Divino, somos capazes de limpar o lixo da nossa mente e do nosso coração. Outro modo de intensificar esse processo é desviar pelo menos parte da nossa concentração de nós mesmos e dar aos outros um pouco do respeito, cuidado e atenção que consideramos necessários a todos nós. Diz-se que é dando que se recebe.

Quanto mais levarmos em conta necessidades dos outros e a elas respondermos de uma maneira positiva e apoiadora, mais brilharemos internamente e nos tornaremos a pessoa que gostaríamos de ser. Quanto mais usarmos nossos recursos (tempo, energia física e mental e dinheiro) de uma maneira proveitosa para o nosso próprio proveito e o benefício de outros, menos deprimidos tenderemos a ficar.

A mente não pode se concentrar em duas coisas ao mesmo tempo. Sou *eu*, ou somos *nós*.

Então, se quisermos ter mais amor na nossa vida, precisaremos dar amor aos outros. Se quisermos o tempo e a atenção das outras pessoas, teremos de dividir nosso tempo e nossa atenção com elas. Se quisermos ser felizes, deveremos nos empenhar ao máximo para tornar os outros felizes.

No começo, isso poderá parecer desafiador, mas podemos "fingir até conseguir" (*fake it until you make it*). Nossas boas intenções para com os outros eventualmente darão frutos, e iremos além da depressão, do estresse e da ansiedade para um lugar melhor, mais solidário e atencioso. Fazer brilhar nossa luz desse modo encorajará outros a levar a própria luz também a brilhar. Chegará um dia em que todos nós brilharemos juntos.

Resumo

O Divino pode nos dar a força, o suporte e o poder para lidar com a depressão contanto que abramos nossa mente e nosso coração e peçamos por isso.

A conexão Divina deve ser descoberta e explorada ao nosso modo e em nosso próprio tempo. Não se trata de fé cega ou aceitação dos ditames dos outros. Trata-se de um relacionamento espiritual pessoal, que pode se desenvolver a partir das nossas experiências pessoais singulares. No entanto, isso de fato requer certo grau de comprometimento, determinação, coragem, curiosidade, honestidade e humildade.

Conectando-nos e comunicando-nos com o Único de modo a nos sentir confortáveis – por meio de prece, meditação, cânticos, escrita ou fala –, podemos superar a depressão ou qualquer outra condição que esteja afetando nossa paz mental.

Conclusão

Estamos em uma jornada de quatro passos para o cerne do nosso ser.

Exploramos a conexão entre a mente e o corpo e o impacto que os pensamentos exercem sobre nossa saúde mental.

Apreciamos os benefícios de criar pensamentos positivos, entrar mais profundamente em nós para nos reconectar com nossa verdade e com o Divino.

Agora sabemos que podemos escolher ver a depressão, a ansiedade e o estresse como um "alerta" para escapar da prisão do pensamento limitado e dos velhos hábitos que nos arrastam para baixo.

Podemos ver a vida como uma academia de ginástica projetada para nos ajudar a encontrar novos caminhos para a felicidade e o contentamento duradouros.

Parte 2
O trabalho: práticas para uma vida melhor

O lótus é a mais bela flor.
Suas pétalas se abrem uma a uma.
Mas ele cresce apenas na lama.
Para crescer e ganhar sabedoria, primeiro enfrentamos
a lama – os obstáculos da vida e seus sofrimentos.
E, então, temos de nos esforçar, como seres humanos, para
adquirir mais sabedoria,
mais gentileza e mais compaixão.
É preciso ter a intenção de crescer como um lótus
e abrir cada pétala uma a uma.

Goldie Hawn

Mudar a nós mesmos requer tempo e prática, em especial no enfrentamento de algo como a depressão, que é um hábito profundamente arraigado, aliado a um modo de pensar que pode ter sido desenvolvido durante longos anos.

Se queremos mudar um hábito antigo e substituí-lo por um novo, temos de praticar o novo modo de pensar e de ser por no mínimo 21 dias (alguns dizem 90).

As experiências reflexivas a seguir, baseadas em um ou outro dos *insights* que este livro contém, são como *antidepressivos espirituais* ou ferramentas destinadas a elevar nosso humor, mudando nossa percepção/mentalidade e liberando energias bloqueadas.

Alguns terapeutas consideram a depressão como uma forma de energia que se torna bloqueada no corpo como resultado de repressão a medo, ansiedade, culpa, vergonha e a outras emoções negativas associadas a experiências adversas na infância ou a outros traumas pessoais. Liberando essas energias, nós nos tornamos livres e leves.

As reflexões são escritas em primeira pessoa e projetadas para oferecer uma experiência positiva, que, eventualmente, mudará nossa mentalidade e restaurará nossa felicidade interior.

As reflexões dão melhores resultados se lidas em voz alta. Elas também funcionam bem quando ouvidas – grave-as no seu celular ou peça que alguém as leia para você. Elas precisam ser lidas lentamente, com bastante espaço entre as palavras.

Quanto mais sentimento for expresso nas palavras, mais eficazes serão as reflexões. É essencial mudar do modo "cabeça", ou seja, a parte lógica e racional do eu, para o modo "coração", ou seja, a parte intuitiva dos sentimentos.

Um pensamento preenchido com sentimento é aparentemente 5.000 vezes mais poderoso do que um outro vazio de sentimentos.

As reflexões podem ser usadas também como uma fonte de estímulo e investigação, especialmente as que fazem perguntas. Elas fornecem nutrição ao pensamento e podem ser usadas como incentivo para registros no seu diário.

Como você verá, as reflexões são voltadas para formas de lidar com a depressão. Se você estiver mais ansioso ou estressado do que deprimido, então, apenas altere cada reflexão para adequá-la às suas necessidades. Elas funcionarão igualmente bem.

As reflexões são exemplos do que podemos fazer quando olhamos para dentro e enfrentamos nossos desafios.

Por favor, lembre-se de que é muito importante você criar modos de curar e crescer internamente que funcionem para o seu caso. Você poderia preferir, por exemplo, escrever um poema, pintar um quadro, criar uma colagem, compor uma canção ou começar um diário. O que quer que seja certo para você emergirá. Siga seu coração e sua intuição.

Nota: não é necessário acreditar em nenhuma das percepções ou suposições deste livro. Os exercícios ainda funcionarão se você suspender seu julgamento e experimentá-los com uma mente aberta. Deixe de lado as dúvidas que você possa ter e, com um espírito de curiosidade, experimente. Imagine como sua vida será caso esses exercícios realmente funcionem...

Como usar as experiências reflexivas

Sente-se quieto, sozinho.

Reduza as distrações ao mínimo, desligando seu celular, *laptop* etc.

Ouça alguma música relaxante e, se preferir, acenda uma vela perfumada ou um incenso.

Sente-se de preferência no mesmo espaço todos os dias, de modo que você comece a associar esse lugar à experiência de sentir-se calmo e pacífico.

Experimente uma reflexão diferente a cada dia, qualquer uma que o atraia.

Leia cada experiência reflexiva sentindo-a e imaginando-se vivenciá-la por pelo menos 5 minutos de manhã, ao se levantar, e 5 minutos à noite, antes de ir para a cama.

Use cada reflexão ao longo do dia como uma afirmação, notadamente quando pensamentos negativos lhe vierem à mente.

Experiências reflexivas

Existe uma parte sua que é perfeita e pura.
Ela é intocada pelas características menos perfeitas
que você adquiriu vivendo em um mundo menos que perfeito.
Ela é repleta de qualidades divinas;
assim, produz constante desenvoltura e bem-estar.
Sua total ausência de conflito e de qualquer tipo de negatividades
torna essa sua parte um ponto tranquilo, uma profunda
e enriquecedora experiência de silêncio.

Dadi Janki, em *Companheira de Deus*.

Eu respiro

Eu me concentro na minha respiração.

Eu respiro

Lentamente,

Profundamente,

Suavemente.

No meu diafragma

Encho meus pulmões de baixo para cima.

Prendo a respiração contando até três.

Lentamente, libero o ar pela boca.

A cada inspiração,

Imagino que estou me preenchendo com uma

Energia
Dourada,
Brilhante,
Suave.
Ela relaxa minha mente e meu corpo
A cada expiração,
Eu deixo ir
A ansiedade,
O medo,
A angústia.
A paz enche meu coração e minha mente.
Sinto-me leve e feliz por dentro.

Eu relaxo

Eu tensiono e relaxo cada parte do meu corpo.
Percebo a diferença
Entre o estado tenso e o relaxado
Dos dedos do pé,
Dos músculos da barriga da perna,
Das coxas,
Dos músculos do abdômen,
Das mãos e dos braços,
Dos ombros,
Dos músculos da mandíbula (eu os percebo empurrando a língua contra o céu da boca),
Dos músculos faciais.
Meu corpo está relaxado.
Estou calmo internamente.
Estou em paz comigo
E com o mundo.

Eu mudo minha postura

Sento-me ereto.
Descruzo meus braços e pernas.
Relaxo minhas mãos e coloco-as no colo.
Levanto a cabeça.
Relaxo meu maxilar.
Gentilmente olho ao meu redor.
Respiro profunda e lentamente.
Fico de pé.
Relaxo meus ombros.
Caminho com dignidade e autorrespeito.
Sorrio.
Tudo está bem no meu mundo.

Eu estou bem

Vejo-me na tela da minha mente
Como uma pessoa despreocupada.
Meu corpo está relaxado.
Trago um sorriso no rosto.
Meus olhos brilham com satisfação.
Sinto-me bem internamente.
Minha mente está calma e limpa,
Preenchida com energia positiva.
Sou o mestre de mim mesmo.
Sinto-me leve e livre.
Feliz por ser eu mesmo.

Eu me conecto

Sento-me em silêncio.

Volto minha atenção para dentro.

Então, lembro que

Sou uma alma

Separada deste corpo, mas conectada a ele.

Eu sou um ser eterno.

Sou imortal.

Eu...sou...paz.

Eu...sou... amor.

Eu... sou... alegria.

Sou feliz e contente.

Mantenho esses sentimentos comigo ao longo do dia.

Eu sou paz

Sempre que me sinto deprimido,

Digo a mim mesmo:

Eu...sou... um... ser... pacífico.

Eu...sou... um... ser... pacífico.

Eu...sou... um... ser... pacífico.

Experimento as profundezas dessas palavras.

Eu me sinto

Calmo,

Seguro,

Salvo,

Desapegado do drama da minha vida,

Capaz de me manter sereno,

Capaz de ter esperança.

Repito essas palavras regularmente ao longo do dia.

Elas me fazem sentir-me bem.

Eu sou luz

Vejo-me como um ponto de luz
Situado no centro da minha testa
Como uma estrela brilhante.
Conduzo a energia do meu corpo a esse ponto.
Visualizo raios de luz
Espalhando-se a partir do ponto.
Eles acalmam minha mente
Relaxando meu corpo,
Criando uma aura de amor ao meu redor.
Meu humor se eleva.
Eu me sinto
Seguro e
A salvo.
Eu estou
Silencioso,
Tranquilo,
Em paz comigo mesmo
E com o mundo.

Eu dou um passo para trás e observo

Conhecendo minha identidade verdadeira,
Crio um espaço entre
Mim e
O corpo em que habito,
Os pensamentos que crio,
Os sentimentos que experimento,
As palavras que digo,
As ações que desempenho,

Os papéis que represento.
Dando um passo para trás desses meus aspectos,
Vejo as coisas com maior clareza.
A depressão é um modo
De pensar e ser,
Que adquiri ao longo do tempo.
Ela não pertence a mim.
Com um sentimento de alívio,
Eu a deixo ir
E recupero minha paz mental.

Eu aplico um ponto-final

Eu aplico um ponto-final
Nas vozes ruidosas na minha cabeça,
Nos velhos registros do passado,
Que me levam para baixo,
Julgam e criticam cada movimento meu:
"Você tem de fazer isso";
"Você deve fazer aquilo";
"Como você ousa?";
"Quem você pensa que é?"
As vozes de
Autoaversão
Arrependimento e incriminação
Culpa e vergonha,
Que me deixam louco.
Esses ditadores
Que me causam dor
Com suas mensagens

"Você não é bom o suficiente".
Dessintonizando-os,
Sinto um alívio tão grande!
Minha mente torna-se limpa,
O medo desaparece.
No aqui e agora,
Posso finalmente relaxar
E apenas ser.

Eu vejo a depressão como um presente

Como um observador e testemunha silenciosa da
minha vida,
Vejo a depressão de um novo modo.
Ela é uma mensageira,
Uma amiga
Que veio para
Me despertar,
Desafiar,
Testar.
Ela é um chamado à luta,
Um lembrete de que me perdi no caminho.
Eu, a alma,
Dou a ela as boas-vindas.
Aceito,
Acato,
Amo e
Agradeço
À depressão por entrar na minha vida.
Ela é um presente a ser desembrulhado.
Tudo está bem no meu mundo.

Eu sou curioso

Sento-me com meu eu superior.
Sei que a depressão não faz parte da minha identidade original.
Ela veio como um ladrão no meio da noite
Para roubar minha felicidade.
Olho para ela com curiosidade.
Converso com ela:
"Quem é você?",
"De onde você vem?",
"O que você está querendo me dizer?"
"Quando você irá embora?"
Escuto as respostas.
Eu sei o que devo fazer.
Permito-me lamentar
Deixo a tristeza fluir.
Deixo a amargura partir.
Eu grito e berro.
E liberto a dor.
Agradeço por vir,
Mas chegou a hora de nos separarmos.
Adeus, velha amiga.
Eu a conheço bem demais!
Minha felicidade retorna.
Tudo está bem no meu mundo.

Eu aprecio meus tesouros internos

Conectando-me com minha essência pura,
Torno-me consciente de minhas
Virtudes,

Qualidades e
Poderes.
Encontro e saúdo meus amigos eternos:
Paz,
Amor,
Alegria,
Paciência,
Coragem,
Determinação,
Resiliência,
Perdão,
Compaixão,
Tolerância,
Honestidade.
Cada um desses amigos é um tesouro.
Cada um, um prazer
A ser valorizado na minha vida,
Meu suporte ao longo de tempos bons e ruins.
Eles me levam para além da escuridão,
Em direção à Luz.
Sinto-me bem internamente
Tudo está bem no meu mundo.

Eu pratico gratidão[13]

Examinando essa lista, eu me sinto
Bem-aventurado,
Humilde,

---

13. Antes dessa prática, faça uma lista das 5 coisas pelas quais você se sente grato na sua vida. Cada vez que fizer essa reflexão, aumente o número das fontes de gratidão para você, até chegar a pelo menos 50.

Afortunado,

Agradecido,

Apreciado,

Amado,

Nutrido,

Valorizado,

Bem tratado,

Conectado,

Inspirado,

Positivo,

Esperançoso.

Agradeço à natureza e às pessoas no mundo

Que, às vezes até sem saber, apoiaram minha vida.

Sou grato por estar vivo.

Obrigado, vida, por tudo.

Eu escolho ser feliz

Sou o mestre da minha mente.

Tenho o poder de escolher a vida que quero.

Eu escolho

Abrir meu coração,

Libertar-me das complicações do passado,

Vencer o medo com amor,

Substituir raiva por paz,

Ser feliz, em vez de triste,

Dar, em lugar de receber,

Aceitar, e não incriminar,

Perdoar, em vez de odiar.

Permaneço concentrado e consciente.

Eu escolho

Aproveitar ao máximo minha preciosa vida,
Ser o melhor que posso ser,
Desfrutar do que a vida me oferece.

Eu lembro os bons tempos

Assumo o controle da minha mente.
Recuso-me a ficar revivendo
Cenas infelizes e
Memórias do passado.
Elas me tornam triste
E me puxam para baixo.
Eu aplico um ponto-final
E me lembro
De momentos mais felizes
Rindo,
Compartilhando,
Cuidando,
Brincando,
Amando.
Lembro-me das pessoas que foram gentis comigo.
Concentro minha atenção em momentos preciosos.
Relaxo e aprecio reviver isso
Sabendo que há mais para vir.

Eu abandono o passado

Como um ser de paz e amor,
Deixo ir toda a
Culpa,
Raiva,

Vergonha,
Incriminação,
Humilhação e
Dor.
Com compaixão e entendimento,
Libero a bola de ferro e a corrente do meu passado.
Largo no chão as bagagens e as cargas pesadas
Que estive carregando por tanto tempo...
As lições foram aprendidas.
A conta foi paga.
Eu sou
Feliz,
Despreocupado.
Estou pronto para seguir adiante.

Eu desvisto o manto da depressão

A depressão é como um manto preto sobre mim.
Escuro e pesado,
Ele me sobrecarrega.
Com coragem
E amor,
Eu desvisto o manto
E o largo no chão.
Com esperança no meu coração,
Suavemente me afasto.
Leve e livre,
Entrevejo um futuro mais claro.
Tudo está bem.
Tudo permanecerá bem.

Eu vou além

Eu, a alma, sou um helicóptero voando sobre as
cenas da minha vida.
Vendo de cima e além do drama,
Entendo mais claramente o que acontece.
Eu sobrevivi
Aos altos e baixos do carma,
Bons tempos e tempos ruins,
Felicidade e tristeza,
Vitória e derrota,
Amor e separação,
Êxtase e trauma.
Agora, subo e prospero
Em uma união de perfeito amor,
Em um lugar de descanso e paz,
Além do campo de batalha.
Refrescado e restaurado,
Volto a desempenhar meu papel,
Sabendo que tudo é como deveria ser.

Eu observo a escuridão desaparecer

Sentado no santuário de uma mente calma e pa-
cífica,
Vejo a depressão como uma nuvem negra,
De pé, diante de mim.
Suavemente eu a empurro para longe.
Ela se distancia
Tornando-se cada vez menor.
Projeto sentimentos de amor sobre ela

E a observo desaparecer,
Meu humor se eleva,
A esperança retorna,
Sou livre – enfim.

Eu aceito a dor

A depressão é uma parte de mim,
Que foi reprimida e
Ocultada por um tempo demasiado longo.
Sabendo disso,
Trato-a como uma amiga.
Dou-lhe as boas-vindas na minha mente.
Dou-lhe cor, forma e nome.
Trato-a com respeito,
Escuto sua mensagem.
Aprendo as lições.
Com compaixão e entendimento,
Aceito e acato a dor.
Ela então se dissolve,
Não mais brigando comigo.
Sinto-me inteiro e completo de novo.

Eu escuto o meu coração

Bem no fundo, há uma parte de mim
Que é sábia e antiga.
Ela me conhece melhor do que eu mesmo.
Essa presença suave e amorosa
Sabe o que é melhor para mim.
No silêncio da minha mente,

Ela sussurra palavras de esperança

E gentilmente me guia

Dá-me *insights* e inspirações,

Abre as portas das oportunidades,

Aponta-me a direção certa,

Conduz-me com segurança ao meu destino.

Tudo o que tenho de fazer é escutar...

E seguir suas sugestões...

Eu abro meu terceiro olho

Por baixo dos detritos da minha vida,

Sei que sou uma alma boa.

Tenho misericórdia por mim mesmo.

Conecto-me com minha bondade.

Sou amoroso e amável.

Sou gentil e atento.

Sou único e valioso.

Tenho algo de especial para dar ao mundo.

A escuridão da ignorância desaparece,

Há uma luz no fim do túnel.

O poço sem fundo do desespero tem uma escada pela qual posso subir.

As nuvens negras se afastam,

Revelando o Sol que esteve sempre lá.

Conecto-me com a Luz.

Banho-me na Luz.

Torno-me leve.

Eu sou luz.

Tudo está bem no meu mundo.

Eu me alinho com o Divino

Olho para dentro de mim
Com uma mente pacífica.
Sintonizo a energia do Divino.
Banho-me em vibrações de amor incondicional.
Sentindo-me seguro.
Destranco a porta do meu coração partido,
Ela se abre como uma flor.
A fragrância do amor se espalha ao meu redor,
Restaura meu sentimento de bem-estar.
Sinto amor.
Sou amor.
Dou amor
A mim e aos outros.
Tudo está bem no meu mundo.

Eu me sento na presença do Divino

Sintonizando-me na minha essência espiritual,
Sento-me na presença do Divino,
O Confortador dos Corações.
Meu ser se preenche de amor.
Sem julgamento,
Permito que a mágoa e a dor
Do passado apareçam diante de mim.
Como em um cinema mudo,
Eu as observo ir e vir...
Sentimentos são dissolvidos.
Problemas são resolvidos.

Sinto-me absolvido,

Inteiro e livre,

Contente por simplesmente existir.

Eu me rendo ao poder curador de Deus

Eu faço o melhor possível para romper a escuridão.

E, então, entrego o que restou.

O poder de cura de Deus

Restaura minha fé.

Recarrega minha energia.

Repara meu coração.

Renova minha mente.

Remove minha dor.

Libera a energia bloqueada.

Resolve minhas questões.

Faz-me retornar a um estado de paz.

Reconecta-me com o mundo.

Resumo

Todas essas experiências reflexivas são destinadas a nos libertar da dor da depressão, ansiedade ou do estresse e a nos reunir à verdade de quem realmente somos. Sabendo disso, podemos nos conectar com o Divino e receber amor, apoio e poder para restaurar nossa paz mental e felicidade.

Espero que você as tenha apreciado e desejo que elas promovam diferença na sua vida.

Conclusão

A depressão é um flagelo dos nossos dias. Ela causa grande tristeza não apenas para os que estão deprimidos, mas também para os que nos conhecem e nos amam. Podemos escolher amenizar a dor ingerindo substâncias alteradoras da mente como tranquilizantes e álcool, mas essas soluções trazem um alívio apenas passageiro.

Se fizermos o que sempre fizemos, não mudaremos.

Se desejamos curar e superar nossa depressão, ansiedade ou estresse, temos de experimentar algo novo.

Àqueles que estão abertos a explorar seu mundo interior a espiritualidade oferece um poderoso antídoto para esses estados mentais. Podemos reiniciar (*reboot*) nosso poder interno e nos colocar de volta ao comando da nossa vida, de modo que possamos criar para nós um futuro mais feliz.

Espero que os *insights* e as sugestões oferecidos neste livro possam abrir portas de cura e esperança para você e restaurar sua paz mental.

Que a Força esteja com você!

Apêndice I
Sobre a Brahma Kumaris

A Brahma Kumaris tem uma rede de centros em mais de 100 países. Sua sede espiritual fica em Monte Abu, na Índia. Ela trabalha em todos os níveis da sociedade para a transformação positiva.

Reconhecendo o valor e a bondade intrínsecos do eu interior, a BK ensina um método prático de meditação, que ajuda as pessoas a cultivar sua força interior e valores.

Também oferece cursos e seminários sobre tópicos como pensamento positivo, superação da raiva, alívio de estresse e autoestima, encorajando a espiritualidade na vida diária. Essa abordagem espiritual é levada também para serviços de saúde, serviço social, educação, presídios e outros ambientes comunitários.

A academia para um mundo melhor, em Monte Abu, Rajasthan, Índia, oferece a indivíduos de todas as origens uma variedade de oportunidades de aprendizagem ao longo da vida para ajudá-los a reconhecer suas qualidades e habilidades específicas, a fim de aproveitar ao máximo suas vidas.

Todos os cursos e atividades são gratuitos.

Para mais informações, cf. www.brahmakumaris.org.br

Para contatar a Editora Brahma Kumaris, cf. www.editorabk.org.br

Apêndice 2
Experiências adversas na infância
(EAI)

O impacto das experiências adversas na infância (EAI) sobre a saúde física e mental de adultos é agora amplamente reconhecido graças a pesquisas realizadas na clínica de obesidade Kaiser, em San Diego, Califórnia. Nessas pesquisas, membros da equipe buscaram explicar por que 50% dos pacientes abandonavam seus programas de redução de peso.

Os dados foram recolhidos a partir de mais de 17.000 pacientes voluntários com diferentes tipos de traumas infantis que haviam sido identificados em pesquisas anteriores, a saber:

- abuso físico;
- abuso sexual;
- abuso emocional;
- negligência física;
- negligência emocional;
- exposição à violência doméstica;
- abuso doméstico de substâncias químicas;
- doença mental na família;

- separação ou divórcio parental;
- encarceramento de membro da família.

Descobriu-se que o número de EAI experimentadas por um indivíduo estava fortemente associado aos comportamentos de alto risco para a saúde como tabagismo, abuso de álcool e drogas, promiscuidade; e a obesidade grave estava correlacionada a problemas de saúde como depressão, doenças cardíacas, câncer, doenças pulmonares crônicas e morte precoce.

Em comparação com uma pontuação EAI de zero, ter quatro experiências infantis adversas foi associada ao:

- aumento de sete vezes (700%) em alcoolismo;
- dobro do risco de ser diagnosticado com câncer;
- aumento de quatro vezes no enfisema.

Uma pontuação EAI acima de seis foi associada a um aumento de 30 vezes (3.000%) nas tentativas de suicídio.

Fonte: Wikipedia

Livros para ajudar a romper a escuridão

ACTON SMITH, M. *Calm*. Penguin.

ALCOE, J. *Lifting Your Spirits*. The Janki Foundation For Health Care.

ARORA, N. *Depression Under Cover*. Guildford Press.

BEM-SHAHAR, T. *Happier*. McGraw Hill.

BROTHERIDGE, C. *The Anxiety Solution*. Penguin.

COTTON, F. *Quiet*. Orion Spring.

COVEY, S. *7 Habits of Highly Effective People*. Simon & Schuster.

FIELD, L. *60 Tips For Self-Esteem*. Element.

FRANKEL, V. *Man's Search For Meaning*. Rider.

GEORGE, M. *Discover Inner Peace*. Duncan Baird.

GEORGE, M. *The 7 Aha's of Highly Enlightened Souls*. O Books.

HAIG, M. *Reasons to Stay Alive*. Canongate Books.

HAMILTON, D. *The Five Effects of Kindness*. Hay House.

HASSON, G. *Mindfulness Pocket Boook*. John Wiley.

HAY, L.L. *You Can Heal Your Life*. Hay House.

HOLDEN, R. *Shift Happiness*. Hodder & Stoughton.

JANKI, D. *Companion of God*. BKIS.

JANKI, D. *The Gift of Peace*. BKIS.

KATIE, B. *Loving What is*. Rider.

KIRPALANI, J. *God's Healing Power*. Penguin.

KIRPALANI, J. *The Power of Meditation*. BKIS.

LADVA, A. *It's Time to Be Cool*. BKIS.

LEVINE, P.A. *Walking the Tiger – Healing Trauma*. North Atlantic Books.

LINDFIELD, G. *The Emotional Healng Strategy*. Penguin.

LIPTON, B. *The Biology of Belief*. Hay House.

McCONNEL, J. *Living Our Values*. BKIS.

MOORJANI, A. *Dying To Be Me*. Hay House.

MURRAY, J. *The Power of Your Subconscious*. Pocket Books.

NEFF, K. *Self Compassion*. Hodder & Stoughton.

NELSON, B. *The Emotion Code Wellness*. Unmasked Publishing.

PECK, S.M. *Further Along The Road Less Travelled*. Pocket Books.

RICHARDSON, C. *The Art of Extreme Self Care*. Hay House.

ROWE, D. *The Courage to Live*. Fontana.

RUSKAN, J. *Emotional Clearing*. Rider.

SERVAN, D. *Healing Without Freud or Prozac*. Rodale.

SMITH, D.M. *Hug The Monster*. Rider.

124

STRANO, A. *The Man Who Loved Angels*. BKIS.

SUNIM, H. *The Things You Can See Only When You Slow Down*. Penguin Books.

SWAN, T. *Anatomy of Loneliness*. Watkins.

TAYLOR, S. *The Fall*. Iff Books.

TOLLE, E. *The Power of Now*. Yellow Kite.

TOPHAM, S. *Finding The River*. Dragon Rising Publishing.

TRACEY, B. *Change Your Thinking, Change Your Life*. Hodder Mobius.

VERMA, S. *Happiness Unlimited*. Amaryllis.

WAX, R. *A Mindful Guide for the Frazzled*. Penguin Books.

WILLIAMS, M. *The Mindful Way Through Depression*. Guildford Press.

WILLIAMS, N. *Unconditional Success*. Bantam Books.

WILLIAMSON, M. *A Return to Love*. Thorsons.

Links de sites e APPs para manter--se calmo e levantar o humor

BeeZone (https://bee.zone) – Oferece uma variedade de ferramentas para capacitar o interessado a tirar uma folga de uma mente estressada acelerada e voltar à calma e à concentração.

Brahma Kumaris (www.brahmakumaris.org.br) – Apresenta grande quantidade de informações e vídeos esclarecedores sobre inteligência espiritual, meditação Raja Yoga, dieta, meio ambiente e muito mais.

Calm (https://calm.com) – Auxilia os usuários a dormir melhor, melhorar sua autoconfiança e reduzir o estresse e a ansiedade, com a ajuda de meditações orientadas e música calmante.

GlobalCooperation House (www.globalcooperationhouse.org) – Um festival de conversas, *workshops* e cursos. Pode-se também se inscrever em Thought For The Day ou experimentar a Virtue Wheel (roda das virtudes) e descobrir a virtude de que se precisa para momentos difíceis da vida. Tudo gratuitamente.

Happidote (www.jankifoundation.org/happidote) – Um APP gratuito projetado para auxiliar profissionais de saúde. Happidote oferece um meio fácil de acessar conselhos práticos por meio de meditações orientadas para ajudar a acalmar a mente e o estresse do trabalho.

Happiful (https://happiful.com) – Oferece livre acesso à revista mensal *Happiful*, que promove saúde mental positiva e apresenta um diretório de terapias, terapeutas e cursos de bem-estar.

Headspace (www.headspace.com) – Ensina habilidades de meditação e *mindfulness* que transformam vidas com apenas alguns minutos por dia, por intermédio de centenas de sessões orientadas, sobretudo de administração de estresse e ansiedade, até sono, produtividade, exercícios e saúde física.

Inspired Stillness (www.inspiredstillness.com) – Uma livraria virtual que capacita as pessoas a encontrar um lugar de calma interior por meio de blogs, histórias, eventos, livros, música e meditação.

Just-a-minute (www.just-a-minute.org) – Experimentações do poder de uma mente calma com meditações relaxantes de quarenta minutos para transformar o dia. Gratuito.

Meditation Lounge (https://meditationlouge.org) – Uma variedade de meditações baseadas no Raja Yoga para ajudar em um mau dia, um relacionamento complicado, um prazo esgotado. Ou para apenas relaxar e obter alguma paz mental. Gratuito.

More to Life Magazine (https://moretolifemag. co.uk) – A revista de mente, corpo e espírito mais popular do Reino Unido.

Radio Eyesee (https://onlineradiobox.com/uk/eye see) – Transmite 24 horas de música suave para meditação, reflexão e relaxamento.

Relax Kids (www.relaxkids.com) – Usa técnicas de relaxamento e *mindfulness* baseadas em pesquisas associadas a valores positivos e psicologia para auxiliar a promover a saúde e o bem-estar emocional das crianças.

Synctuition (https://synctuition.com) – Oferece uma experiência imersiva em viagem mental usando som 3D.

YouTube – Apresenta grande quantidade de músicas para meditação e grande quantidade de vídeos para acalmar e melhorar o humor.

Agradecimentos

Antes de tudo, gostaria de agradecer a Dadi Janki, administradora da Organização Brahma Kumaris, Jayanti Kirpalani, Maureen Goodman e a outros professores e amigos da BK. O conhecimento, entendimento e compromisso da Organização em desafiar a consciência humana em transformação é espantoso. Eles mudaram minha vida completamente.

Agradeço também ao suporte e encorajamento de Judy Apps, Judy Johnson, Nick Williams, Jan Alcoe, Doug Stephenson, que gentilmente editou este livro, Georgina Long, Sarah Eagger, Kala Misty, Jaymini Patel, Marion Ngai, Phillipa Blackham, Gerogeanne Lamont, Madhvi Lamba, Diane Tillman, Neville Hodgkinson, Mike George, Marguerite Byrne, Jim Ryan, Liz Corrigan, Margaret McCathie, Josephine Occloo, Arnold Desser, Firoz Hussein, Nina Buchanan, Jonathan Jones, Mai Newe, Tom Costley, Bicky Saika, Patrik Ssomers-Stephenson, Caroline Ward, Shaan Sampat. Sem esquecer de meu filho, minha filha e meu irmão, que me deram um ocasional empurrãozinho necessário.

Por fim, agradeço ao Único todo o conhecimento e apoio que tornaram este livro possível.

Leia também!

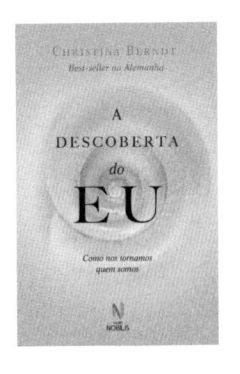

Conecte-se conosco:

f facebook.com/editoravozes

⊙ @editoravozes

▸ @editora_vozes

▶ youtube.com/editoravozes

◉ +55 24 2233-9033

www.vozes.com.br

Conheça nossas lojas:

www.livrariavozes.com.br

Belo Horizonte – Brasília – Campinas – Cuiabá – Curitiba
Fortaleza – Juiz de Fora – Petrópolis – Recife – São Paulo

  *Vozes de Bolso*

EDITORA VOZES LTDA.
Rua Frei Luís, 100 – Centro – Cep 25689-900 – Petrópolis, RJ
Tel.: (24) 2233-9000 – E-mail: vendas@vozes.com.br